rouge

SARAH BERNHARDT

Par Jules HURET

PRÉFACE

DE

EDMOND ROSTAND

F. JUVEN, Éditeur, PARIS

QUAND MÊME

Sarah

BERNHARDT

Mᵐᵉ Sarah Bernhardt dans *Phèdre*.

Sarah
BERNHARDT

par

Jules HURET

PRÉFACE

de Edmond ROSTAND

PARIS

F. JUVEN, Éditeur

10, rue Saint-Joseph, 10

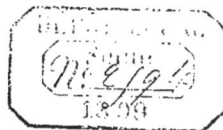

IL A ÉTÉ TIRÉ DE CET OUVRAGE :

Vingt Exemplaires sur Japon Impérial numérotés à la presse

PRÉFACE

MON CHER HURET,

J'ai le vertige.

Je viens de lire cette vie de notre illustre amie. Par la netteté, le récit nerveux et pressé, l'accumulation des faits et des dates, la rapidité trépidante de ce défilé de scènes et de paysages qui semblent s'encadrer dans la portière d'un railway frénétique, vous êtes parfaitement arrivé à donner au lecteur ce que vous cherchiez, je pense, à lui donner : le vertige. J'ai le vertige.

Je ne savais plus, moi, je ne me rappelais plus. On l'oublie, tout cela ; on le sait, mais on l'oublie. Il y en a tant qu'on n'a jamais fait l'effort de rejoindre. On s'habitue à admirer Sarah. On répète de confiance : « Cette femme est extraordinaire ». Et on ne sait plus à quel point on dit vrai. Et lorsque brusquement on se trouve devant une récapitulation épique comme celle que vous nous offrez, devant une si formidable liste de batailles et de victoires, d'expéditions et de conquêtes, on demeure confondu. On s'attendait bien à ce qu'il y en eût un peu plus qu'on ne pensait, mais pas tellement plus ! Et tout ceci, c'est vrai, dont on n'avait plus souvenir ! Et tout cela encore ! Et toutes ces luttes, toutes ces difficultés, toutes ces injustices du début, dont on ne reparle jamais ! Et cette aventure-ci, et cette fantaisie-là ! Cette page contient vingt triomphes et dix fugues. On ne peut tourner un feuillet sans faire se lever une rumeur de gloire. Le vertige vous gagne. On est épouvanté de cette belle main furieuse agitant des sceptres, des thyrses, des poignards, des éventails, des glaives, des marottes, des bannières, des ébauchoirs et des cravaches. C'est trop. On commence à douter. Mais non, c'est Huret qui parle, c'est l'Histoire. On s'incline. Jamais aucune vie n'a pu contenir tant d'action. Ah ! cette Sarah !... Un poète que j'ai été admirait en elle la Reine de l'attitude et la Princesse des gestes ; je me demande aujourd'hui si un autre poète que je suis ne doit pas en elle admirer davantage encore la Dame d'Énergie.

Et quelle façon elle a d'être légendaire et moderne ! C'est aux Contes de fées qu'elle se rattache par sa chevelure de belle aux cheveux d'or ; ne deviennent-elles pas perles et diamants, les paroles, sur ses lèvres ? N'a-t-elle pas porté les robes couleur du temps ? N'est-ce pas, dans sa voix, l'immortel Oiseau bleu qui chante ?

Elle peut suivre un impresario : elle est toujours l'étoile tombée du ciel des Mille et une Nuits, et toujours il tremble autour d'elle un morceau arraché d'azur mystérieux. Mais de même que les barques enchantées cèdent la place à d'énormes transatlantiques, le char attelé de volantes grenouilles ou le carrosse en potiron à ce wagon Sarah Bernhardt si américainement aménagé, — de même c'est par l'intelligence, l'indépendance et l'intrépidité que sont remplacées, dans ce conte d'aujourd'hui, les miraculeuses interventions des contes d'autrefois. Pas de fée qui protège l'Héroïne, sauf elle-même : Sarah est sa propre marraine. Pas d'autre baguette magique que son inflexible volonté. Et pour la guider, à travers de singuliers événements, vers l'apothéose, pas d'autre Génie que le sien.

J'y songe, Jules Huret : l'existence de Mme Sarah Bernhardt constituera peut-être le merveilleux du XIXe siècle. Elle deviendra de la Fable. Ah ! lorsqu'on écrira le poème de ces Tours du Monde, pour en dire tous les décors, tous les personnages, les beautés et les cocasseries, pour faire dialoguer les locomotives et les paquebots, pour faire onduler tant de mers et tant de robes, pour faire parler, chanter et hurler des chœurs de poètes et de sauvages, de rois et d'animaux exotiques, il faudra je ne sais quel Homère composé d'un Théophile Gautier, d'un Jules Verne, et d'un Ruydard Kipling !

C'est à peu près là ce qui me tourne dans la tête pendant que se dissipe mon étourdissement. Mais je vais mieux. Je me secoue. Je me reprends. Et je cherche, mon cher ami, ce que je pourrais bien vous dire pour conclure. Réflexion faite, — voici :

J'ai eu le vertige. C'est vrai. Mais tout cela, que je n'ai connu que par les récits, tous ces voyages, tous ces ciels, tous ces cœurs et toutes ces fleurs, toutes ces pierreries et toutes ces broderies, tous ces millions et tous ces lions, ces cent douze rôles, ces quatre-vingts malles, cette gloire, ces caprices, ces voitures dételées, ce crocodile buvant du champagne, tout cela, que je n'ai jamais vu, m'a moins stupéfait, ébloui, ravi, ému, que ceci, — que je vois souvent.

Un cab s'arrête devant une porte; une femme, dans de grosses fourrures, descend vite; traverse la foule, qu'amassa le seul grelot de son attelage, en lui laissant un sourire; monte légèrement un escalier en colimaçon; envahit une loge fleurie et surchauffée; lance d'un côté son petit sac enrubanné dans lequel il y a de tout, et de l'autre son chapeau d'ailes d'oiseau; mincit brusquement de la disparition de ses zibelines; n'est plus qu'un fourreau de soie blanche; se précipite sur une scène obscure; anime de son arrivée tout un peuple pâle qui bâillait, là, dans l'ombre; va, vient, enfièvre tout ce qu'elle frôle; prend place au guignol, met en scène, indique des gestes, des intonations; se dresse, veut qu'on reprenne, rugit de rage, se rassied, sourit, boit du thé; commence à répéter elle-même; fait pleurer, en répétant, les vieux comédiens dont les têtes charmées sortent de derrière les portants; revient à sa loge où l'attendent des décorateurs; démolit à coups de ciseaux leurs maquettes, pour les reconstruire; n'en peut plus, s'essuie le front d'une dentelle, va s'évanouir; s'élance tout d'un coup au cinquième étage du théâtre, apparaît au costumier effaré, fouille dans les coffres d'étoffes, compose des costumes, drape, chiffonne; redescend dans sa loge pour apprendre aux femmes de la figuration comment il faut se coiffer; donne une audition en faisant des bouquets; se fait lire cent lettres, s'attendrit à des demandes... ouvre souvent le petit sac tintant où il y a de tout; confère avec un perruquier anglais; retourne sur la scène pour régler l'éclairage d'un décor, injurie les appareils, met l'électricien sur les dents; se souvient, en voyant passer un accessoiriste, d'une faute qu'il commit la veille, et le foudroie de son indignation; rentre dans sa loge pour dîner; s'attable, magnifiquement blême de fatigue, en faisant des projets; mange, avec des rires bohémiens; n'a pas le temps de finir; s'habille pour la représentation du soir, pendant qu'à travers un rideau le régisseur lui raconte des choses; joue éperdûment; traite mille affaires pendant les entr'actes; reste au théâtre, le spectacle terminé, pour prendre des décisions jusqu'à trois heures du matin; ne se résigne à partir qu'en voyant tout le personnel dormir respectueusement debout; remonte dans son cab; s'étire dans ses fourrures en pensant à la volupté de s'étendre, de se reposer enfin; pouffe de rire en se rappelant qu'on l'attend chez elle pour lui lire une pièce en cinq actes; rentre, écoute la pièce, s'emballe, pleure, la reçoit, ne peut plus dormir, en profite pour étudier un rôle...

Et voilà, mon ami, ce qui me paraît plus extraordinaire que tout. Voilà la Sarah que j'ai connue. Je n'ai pas connu l'autre, celle des cercueils et des alligators. Je n'ai pas connu d'autre Sarah que celle-là. C'est la Sarah qui travaille. C'est la plus grande.

EDMOND ROSTAND.

Sarah

BERNHARDT

Le 10 février 1898, par téléphone, Mme Sarah Bernhardt me priait de passer chez elle pour une chose grave. Elle me raconta que le lendemain elle quitterait son hôtel du boulevard Pereire et se rendrait à la maison de santé de la rue d'Armaillé pour y subir une douloureuse opération.

Depuis quelque temps, elle souffrait de douleurs sourdes et au cours des représentations des *Mauvais Bergers*, comme elle se laissait tomber raide sur le ventre, elle sentait une douleur anormale. Elle eût dû immédiatement se soigner et éviter toute fatigue. Mais, au contraire, rentrée dans sa loge, elle recommençait le dangereux exercice pour vérifier cette sensation insolite! Pendant les quarante représentations des *Mauvais Bergers*, il en fut ainsi!

Un jour, pourtant, elle appela le docteur Pozzi qui diagnostiqua aussitôt des troubles inquiétants, et qui fixa l'opération au mois de juin.

Malgré cela, Mme Sarah Bernhardt avait organisé une tournée en province quand le mal s'aggrava soudain. Le docteur Pozzi décida que l'opération aurait lieu aussitôt.

Quelques jours avant, la tragédienne prit la résolution de le dire elle-même à son fils. C'était la veille d'un duel de M. Maurice Bernhardt avec M. Champsaur, et, naturellement, il n'en avait pas averti sa mère:

— Vous voyez le coup que j'ai dû lui porter! me disait Mme Sarah Bernhardt.

— Et vous n'avez pas peur ?...

Je ne sais pourquoi je demande cela, car la vaillante artiste est allègre et souriante comme à son ordinaire.

— Peur ? Non. Avec Pozzi, pas de danger. Et puis... et puis... quoi !

Et elle sourit bravement.

— C'est une nouvelle tuile ! Je paye en ce moment ma chance de l'année dernière. Oui, j'ai eu trop de chance, l'année dernière, c'est bien fait pour moi !

— Pour quand l'opération ?

— Mercredi. Venez me voir pendant ma convalescence, n'oubliez pas. Je vous raconterai de belles histoires pour que vous ne vous ennuyiez pas trop !

L'opération eut lieu, réussit pleinement et le 1er mai suivant, Mme Sarah Bernhardt tout à fait hors de danger, avait reçu de son médecin le Docteur Pozzi, l'autorisation de voir quelques amis, mais très peu, très peu, et surtout en de très courtes visites.

Et j'ai pu passer une demi-heure dans la chambre de la convalescente.

Aux Ternes, 19, rue d'Armaillé, une sorte de petit hôtel privé, précédé d'une cour, et qui a aussi peu l'air que possible d'une clinique. Au premier étage, une chambre donnant sur un petit jardin planté de quelques grands arbres. La chambre est d'une netteté, d'une propreté cénobitiques. Dans un étroit lit de fer est couchée la grande artiste, la tête appuyée sur un oreiller qui disparaît sous la blonde chevelure éparse, souriante et gaie comme toujours ! A peine un peu plus pâle qu'à l'ordinaire.

Et malgré soi on songe : lady Macbeth, doña Sol, Maria de Neubourg, Phèdre, Froufrou ! Et les soirées triomphales, et l'ardeur héroïque, la passion farouche, la divine mélancolie de trente ans d'art et de vie frénétiques ont failli, tout un jour, se résumer là, brutalement, sous l'acier du chirurgien...

Mais l'incroyable vitalité de cette créature d'élite, qui a toujours vaincu les forces hasardeuses combinées contre sa destinée, a eu raison cette fois encore de la malechance !

— C'est ce que je me répète tous les jours, me dit-elle. J'ai eu trop de veine il y a deux ans. Je paye en ce moment ma fameuse « journée », je paye les succès continus qui l'ont suivie... J'en étais sûre ! Demandez à Seylor. N'est-ce pas, Seylor ?

Mlle Seylor, la gentille camarade de Mme Sarah Bernhardt, qui ne l'a pas quittée un jour, depuis dix ans, entre à ce moment.

— N'est-ce pas, Seylor, que je te l'ai dit? Quand tu m'embrassais, tout heureuse de ce que tu appelais ma « gloire »! n'est-ce pas que je t'ai dit : « Il n'y a pas de médaille sans revers; tu verras si je ne payerai pas cher cette journée-là! »

Un peu de mélancolie passe sur les traits de la grande tragédienne. Mais cette impression s'efface vite.

On entend le chant d'un oiseau dans le jardin :

— Tenez, entendez-vous ce merle? C'est gentil comme tout, il chante le matin et le soir, c'est une distraction charmante, on dirait qu'on l'a mis là exprès pour moi!

Nous causons de son opération :

— Je n'ai pas senti l'ombre d'une douleur durant l'heure et demie qu'elle a duré. Depuis non plus. Pas une minute de fièvre. En ce moment même, je n'ai pas plus de 36° de température. Pendant deux jours, le chloroforme m'a un peu gênée, de l'écœurement, des brûlures, mais c'est tout. Je n'avais qu'une peine : c'est celle que je faisais à mon fils en courant un danger. Pauvre enfant, c'est bien la première fois que je le fais souffrir volontairement !

Mes yeux font le tour de la chambre. A part quelques orchidées et quelques roses, ce ne sont partout sur la cheminée et sur les tables que des portraits de Maurice Bernhardt, enfant, adolescent, portraits d'hier, buste de marbre.

— Voyez, là, me dit Sarah, c'est son premier soulier et sa première chemise!

En effet, accrochés à l'angle d'une psyché, un mignon petit soulier d'enfant en vernis blanc tout ratatiné et une petite chemise de poupée pendent.

— Jamais je ne m'en sépare, je les emporte avec moi quand je vais en voyage, et j'ai voulu les avoir ici, près de moi : il me semble qu'ils me portent bonheur !

Avant de prendre congé, je m'informe de la marche probable de la convalescence :

— A la fin de la semaine, je me lève. Dans dix jours, je descends au jardin me promener un peu. Et dans quinze jours, je pars pour Saint-Germain, au pavillon Henri IV, où je finirai de me rétablir. Venez me voir bientôt, nous causerons !

J'y retournai donc. Et c'est ainsi que j'ai pu, au courant de mes visites, noter, de la bouche même de la grande artiste, les renseignements qui suivent sur son enfance et ses débuts au théâtre, renseignements dont la plupart sont inédits, comme on va le voir.

Phot. Otto.

M⁰ᵉ Sarah Bernhardt
et son fils Maurice à 5 ans

« Je suis née à Paris, me dit-elle, au n° 265 de la rue Saint-Honoré, dans la maison qu'habitait Mᵐᵉ Guérard, que voilà encore, tenez, avec ses soixante-seize ans, alerte et bien portante ; elle m'a vue venir au monde, elle a assisté à la naissance de mon fils Maurice et de ma petite-fille ! Dites que ne voilà pas une amitié fidèle !

« Vous savez que ma mère était juive et hollandaise. Elle était blonde, petite et boulotte, le buste long et les jambes courtes, mais elle avait une jolie figure et de grands yeux bleus admirables. La tête de la Vierge à la Chaise. Elle parlait mal le français, avec un fort accent flamand.

« Elle avait eu quatorze enfants, dont deux couches doubles. Moi, j'étais la onzième de la famille !

« On me mit en nourrice chez une concierge, ça marcha bien tant que je fus toute petite, mais je commençai à m'ennuyer ferme, et un jour, j'avais cinq ans et demi, j'étais à la fenêtre de la loge, — vous savez ces petites fenêtres cintrées qu'on voit encore à l'entresol de certaines vieilles maisons, — comme je voyais entrer ma mère sous la porte-cochère, je me précipitais vers elle, dans le vide ! On comprit, et on m'emmena à la maison. J'y restai quelques années à côté de ma mère et de mes sœurs. Bientôt, pourtant, on pensa à s'occuper de mon éducation, et comme mon père tenait à ce que je fusse baptisée, on m'envoya au couvent des Augustines de Versailles, le couvent de Grandchamp. A douze ans, je devins donc chrétienne, je reçus le baptême, je fis ma première communion le lendemain et reçus la confirmation le surlendemain, avec trois de mes sœurs. Je devins très pieuse. Je fus prise d'une dévotion fervente pour la Vierge, j'avais le culte de Marie, un culte extraordinaire, passionné. Longtemps même, je conservai près de moi une mignonne statuette de la Vierge, toute en or, qu'on m'avait donnée. Un jour, on me la vola, et j'en eus une très grande peine.

« J'étais à la fois mélancolique et mutine. Ma mère ne m'aimait pas beaucoup, elle préférait mes autres sœurs. On me sortait rarement ; quelquefois des vacances se passaient sans qu'on me fît sortir du couvent ; j'étais triste de me voir ainsi délaissée. Mais quand j'avais bien ruminé ma tristesse, ma nature espiègle reprenait le dessus, et je faisais des farces, des farces ! Un jour que nous avions appris que toutes les écoles de France avaient reçu des bonbons à l'occasion du baptême du Prince Impérial, excepté nous, je proposai à quelques-unes de mes camarades de nous enfuir du couvent... Comment ferait-on ?... C'est moi qui

Phot. Mélandri.

Mᵐᵉ Sarah Bernhardt
et son fils Maurice à 11 ans.

me chargeai de tout... Comme j'étais très bien avec la sœur tourière qui ne voyait plus très clair, j'entrai dans sa loge, et lui dis, en levant le bras vers le cordon, que j'avais un trou à ma robe, sous l'aisselle... Et pendant qu'elle regardait, je tirai vivement le cordon. La porte s'ouvrit, mes amies s'enfuirent, et je les suivis. Nous avions, pour tous bagages, provisions et subsides, quelques chiffons et trois savons dans un sac, et 7 fr. 50. Avec cela, nous devions aller au bout du monde.

« On se mit à notre recherche. Et, comme ce n'étaient pas les bonnes sœurs qui pouvaient nous chercher on prévint les officiers de Satory, qui mirent une patrouille à nos trousses. On n'eut pas de peine à nous découvrir, vous pensez bien.

« On nous interrogea, et c'est Amélia Pluche, — jamais je n'oublierai le nom de la traîtresse, — qui révéla que c'était moi l'âme du complot... On me renvoya dans ma famille.

« Je rentrai pourtant au couvent.

« Une autre fois, je m'en souviens, j'étais grimpée sur un mur qui séparait le couvent du cimetière où on procédait à un grand enterrement. Il y avait là une foule et l'évêque de Versailles qui faisait un discours. Je me mis à gesticuler, à crier, à chanter de toutes mes forces pour troubler la cérémonie. Vous voyez d'ici cette enfant de douze ans, à califourchon sur un mur, et, de l'autre côté, un évêque interrompu au milieu de son oraison funèbre. Scandale! on me mit encore une fois à la porte.

« Ma mère n'aimait pas beaucoup ces plaisanteries-là. Et vous pensez si je fus semoncée! Des protections, sans doute, me firent rentrer de nouveau à Grandchamp. A quelque temps de là, comme on m'avait donné trois jours de cachot, je ne sais plus pourquoi, j'étais montée sur la plus haute branche d'un marronnier du jardin. Après avoir cherché partout après moi, en vain, on avait mis un chien de garde à ma recherche, qui s'était arrêté en aboyant au pied de l'arbre. J'étais découverte. Mais comment me faire descendre? Personne ne pouvait monter là haut. Il n'y avait d'homme dans tout le couvent, qu'un vieux jardinier qui n'eût osé s'aventurer à une telle hauteur, et les échelles étaient trop courtes. A toutes les sommations des sœurs, je me contentais de répondre : « Je mourrai sur l'arbre ! Je veux mourir sur l'arbre ! » Il fallut qu'on me promît sur l'honneur, avec des serments, qu'on ne me ferait pas faire mes trois jours de cachot. Alors, je descendis, leste comme un singe, car j'étais très forte en gymnastique. Sachant que ma santé était délicate, ma mère me poussait aux exercices. Je me souviens même que les trois seuls prix que j'aie jamais eus au couvent, ç'a été un prix d'histoire, un prix de style, et un prix de gymnastique.

« Je quittai enfin Grandchamp. Qu'allais-je faire? Les acoups de cette nature bouillante et spontanée n'empêchaient pas mon mysticisme. Saint Augustin, le patron du couvent dont le portrait se voyait partout, avait été ma première passion, simultanément avec mon culte pour la Vierge.

« Et je voulais me faire religieuse!

« Ma vocation ne dura pas quand j'eus quitté le couvent de Grandchamp. Ma mère m'avait donné une institutrice, Mlle de Brabander, femme très distinguée qui avait fait l'éducation de la grande-duchesse Marie de Russie. Elle m'adorait. Mais qu'allait-on faire de moi? Quoique toute jeune, je fus demandée en mariage par un gantier du quartier, puis par un tanneur, enfin par le pharmacien chez qui j'allais acheter de la guimauve. Je les refusai tous!

« Ma mère avait un ami dans le duc de Morny qui lui donna l'idée de me faire entrer au théâtre. Mais elle ne me trouvait pas jolie, j'étais trop maigre à son gré pour être belle. Enfin elle s'y décida. On a raconté souvent comment je fus admise au Conservatoire. Recommandée par Morny, j'eus à peine dit les deux premiers vers des *Deux Pigeons* de La Fontaine qu'Auber me fit signe de me taire et de m'approcher :

« — C'est toi qui t'appelles Sarah!

« — Oui, Monsieur,

« — Tu es juive?

« — De naissance : oui, Monsieur, mais j'ai été baptisée.

« — Elle a été baptisée, dit Auber au jury, il eût été dommage qu'une si jolie enfant ne le fût pas. Tu as très bien dit ta fable des *Deux Pigeons*, tu seras admise.

« J'entrai donc au Conservatoire. Dans quelle classe allais-je étudier?

« Beauvallet disait :

« — Ce sera une tragédienne.

« Régnier soutenait :

« — Ce sera une comédienne.

« Et Provost les mit d'accord en affirmant :

« — Elle sera tragédienne et comédienne.

« Je choisis la classe de Provost.

« Je commençai à travailler, sans aucun enthousiasme. J'étais là parce qu'on m'y avait amenée, mais sans goût et sans vocation. J'avais été au théâtre pour la première fois de ma vie deux ou trois jours avant le concours. C'était aux Français et on jouait *Amphitryon*, qui m'avait fait pleurer! Vraiment la scène ne m'attirait pas, je me sentais plutôt malheureuse d'être là, et souvent je pleurais à chaudes larmes. Avec cela follement timide... Quand je me consultais avec mon institutrice, ma brave Mlle de Brabander, sur mes goûts véritables, il me semblait que je ferais plus volontiers de la peinture...

« Enfin, il fallut bien me résigner. Tous les jours Mlle de Brabander me conduisait au Conservatoire. Ma mère me donnait l'argent de l'omnibus pour toutes les deux; je le conservais, et nous allions à pied, parce qu'elle comme moi, détestions l'omnibus et ses promiscuités. Puis, quand nous avions l'argent suffisant, c'est-à-dire tous les deux jours, nous prenions un fiacre, où, au moins, nous étions seules! J'ai toujours eu l'horreur des voisinages et du frôlement des gens que je ne connais pas. Je ne reste pas de bon gré dans une salle d'attente ni dans aucun endroit public où on est exposé à respirer l'haleine des autres. Je suis demeurée à cet égard-là d'une sauvagerie indomptable.

« Au début de mes études au Conservatoire, j'eus fort à faire. Je tenais de ma mère ce défaut de prononciation dont on se sert pour faire des imitations de moi, et qui consiste à parler les dents serrées. Alors je l'avais dix fois plus prononcé qu'à présent et constamment, tandis qu'aujourd'hui on ne le sent plus que lorsque je suis émue, que j'ai le trac, généralement à tous les premiers actes. Pour me corriger de ce vice, on me donnait au Conservatoire de petites boules de caoutchouc qui m'empêchaient de fermer la bouche hermétiquement.

« Je me trouvai, au Conservatoire, avec Croizette, Lloyd, Rousseil, Dica-Petit, Léontine Massin, Mme Provost-Poncin. Du côté des hommes, il y avait Coquelin qui se montrait toujours très gentil pour moi.

Phot Downey.

Mme Guérard.

« A mon premier concours j'obtins le second prix de tragédie, et Rousseil
le premier. Ma dernière année j'obtins le second prix de comédie, Lloyd
le premier. Jamais je ne pus décrocher de premier prix !

« Après avoir eu mon second prix de tragédie, j'étais restée un an au
Conservatoire appointée par la Comédie-
Française qui avait des vues sur moi, et
qui me versait 1,800 francs.

« Enfin il fut convenu que j'allais dé-
buter à la Comédie dans *Iphigénie*, Mme De-
voyod jouait Clytemnestre.

« Je ne connaissais personne dans la
maison, excepté Coquelin qui venait d'y
entrer et qui me continuait ses bons
procédés du Conservatoire. Je ne me souviens pas de bien grandes émotions,
sinon d'une vraie peur. Je me rappelle
qu'au moment du sacrifice, quand je levai
mes longs bras maigres, si maigres,
toute la salle a ri.

« J'ai joué ensuite la *Valérie* de Scribe
avec Coquelin qui faisait Ambroise. Je
continuai à trouver le théâtre assez en-
nuyeux. Jamais je n'y mettais les pieds,
excepté quand je jouais. Et, en somme,

Phot. Downey.
Rôle de Junie dans *Britannicus*.

à l'heure qu'il est — je vais avoir l'air de faire du paradoxe, — je ne
connais presque pas de pièces, je n'ai presque jamais vu d'artistes, à part les
pièces et les artistes des théâtres où j'ai passé.

« Je ne moisis pas au Théâtre-Français. Moins d'un an après mon début,
comme un soir ma sœur Régina marchait par mégarde sur la queue de la robe
de Mme Nathalie, sociétaire importante de la maison, celle-ci poussa brutalement l'enfant qui alla se cogner la tête contre un angle et saigna. Je me
retournai, et flanquai une bonne gifle à Mme Nathalie en l'appelant : « grosse
dinde ! » Les hommes se tordaient ; mais l'incident fit un scandale affreux. Le
Directeur me dit :

2

« — Faites des excuses à Mme Nathalie, et tout sera oublié!

« Je lui répondis :

« — Je ferai des excuses à Mme Nathalie si elle-même veut bien en faire à ma petite sœur.

« On ne put s'entendre, et je quittai pour la première fois la Maison de Molière!

« Grâce à ce trait bruyant de mon mauvais caractère, on ne voulait de moi dans aucun théâtre. On jouait une féerie, la *Biche au Bois* à la Porte Saint-Martin, dirigée alors par Marc Fournier. J'apprends que Mlle Debay, une étoile échappée de l'Odéon, maîtresse de La Rounat, et qui jouait le rôle de la Princesse Désirée, venait de tomber malade. C'était un rôle lyrique. Je me dis : « Voilà mon affaire! » et je vais me présenter à Marc Fournier, qui me reçoit et m'engage séance tenante.

Mme Sarah Bernhardt jeune fille.

Comme j'étais très jeune, on me demande qui je suis, je réponds que je suis orpheline. On me fait répéter deux fois, et le jour de mon début est fixé. Je chantais un duo avec Ugalde qui s'était gentiment donné la peine de me l'apprendre elle-même. Le soir de ce début, il se trouve par hasard que mon tuteur assiste à la représentation de la *Biche aux Bois*. Il me voit, me reconnaît, arrive à l'entr'acte dans la coulisse, effaré. Je le supplie : « Ne dites rien à maman! » Il court chez ma mère, et ils reviennent ensemble au théâtre. Ma mère ne voulait pas me laisser finir la représentation. Enfin, à force de bonnes raisons, on la calme, et je vais jusqu'au bout... Mais ce fut ma seule et unique apparition dans les féeries.

« Après la Porte Saint-Martin, le Gymnase. J'étais allée— c'était en mai 1863 — passer une audition devant Montigny pour remplacer Victoria, la femme de Lafontaine. Je plus à Montigny qui m'engagea. Il s'agissait de jouer un vaudeville à couplets avec Pierre Berton : *Un soufflet n'est jamais perdu*, de Bayard. Je me souviens que j'avais à chanter :

                    Un baiser? Non, non !

« Cocasse !

« Je rendais des services à Montigny, j'avais une mémoire vraiment étonnante, et je ne reculais devant aucune corvée. Je n'ai jamais aimé le théâtre, en somme, mais, puisque j'y étais, je ne voulais pas végéter longtemps, je tenais à être parmi les premières. Je jouai successivement : le *Père de la débutante*, le *Démon du jeu*, de Théodore Barrière, la *Maison sans enfants*, de Dumanoir, l'*Étourneau*, de Bayard et Laya, le *Premier pas*, de Labiche et Delacour, un *Mari qui lance sa femme*, de Raymond Deslandes. Dans cette dernière pièce (25 avril 1864), j'incarnais une princesse russe qui mangeait et dansait tout le temps. Ce rôle de grue me dégoûtait, mais me dégoûtait à un tel point que je me promis de ne pas le jouer deux fois! Et le lendemain de la première, je partais pour l'Espagne! Le matin, j'avais enfermé ma mère dans sa chambre pour qu'elle me laissât le temps de filer tranquillement et sans encombre. J'avais comme complice une femme de chambre renvoyée autrefois par ma mère; nous allâmes toutes les deux nous embarquer à Marseille sur un bateau marchand. Il n'y avait, comme passagers, que nous et un gros négociant en vins du midi. Voyez comme nous étions pratiques! Il s'agissait pour moi d'aller à Madrid. — car j'avais une envie folle de voir l'Espagne et ses musées, — et à travers une horrible tempête, nous débarquâmes à Alicante! Je fus malade, malade à mourir!... J'avais heureusement emporté avec moi ma petite sainte Vierge en or, qui me consolait, et me donnait de l'espoir.

« Ma mère avait fait faire des recherches par la police, vainement! Mais nous allions êtres prises par la famine. Au bout de deux mois, sans argent, ayant d'ailleurs vu tout ce que je voulais voir de l'Espagne, j'écrivis à ma mère pour lui dire ce que j'étais devenue, et pour lui demander des subsides de ravitaille- ment. Elle me les fit attendre un peu, et, finalement, me les envoya.

« Je revins à Paris.

Phot. Mulnier.
Rôle de Zanetto dans le *Passant*.

« Un jour, dans la rue, je rencontre Camille Doucet qui, comme je vous l'ai dit, était ami de ma famille. Il me recon- naît, m'aborde.

« — Eh bien ! Êtes-vous plus sage ? Donnez-vous toujours des gifles à vos camarades ?

« Je lui réponds que justement l'occa- sion me manque pour le moment. Et il me recommande à l'Odéon, alors dirigé par Chilly et Duquesnel. Chilly ne tenait pas beaucoup à m'engager, par contre Duques- nel paraissait y tenir. Finalement c'est Duquesnel qui eut raison, et il fut décidé que je débuterais dans le rôle de Junie de *Britannicus* (1). Taillade jouait Néron, et aux répétitions ne voulait–il pas absolu- ment que j'embrasse le bout de son man- teau ! S'y prit–il mal pour obtenir de moi cet acte de servilité superflu, je le crois car il reçut de ma main une jolie paire de gifles... Camille Doucet devait commencer à être fixé sur ma vocation.

« Je fis mon deuxième début dans le *Jeu de l'Amour et du Hasard*. Ce fut une « tape » énorme ! Je me souviens encore ; je portais une robe à raies blanches, bleues et rouges, pour avoir « bien l'air Louis XV » ! Et, de plus, maigre comme un petit clou, je n'avais vraiment rien du personnage de Sylvia dont les minauderies, d'ailleurs, n'étaient pas faites pour moi.

« Mon premier succès à l'Odéon, je le cueillis dans Zacharie d'*Athalie*. Je récitai le *Chœur des Femmes* ; c'est de là que date le premier étonne-

(1) 14 janvier 1867.

Mme Sarah Bernhardt dans *François le Champi*.
(D'après une aquarelle de Baudoin, communiquée par M. Duquesnel.)

nent du public qui me fit, en effet, un accueil, j'oserai dire, triomphal.

« Je jouai ensuite dans le *Marquis de Villemer*, un rôle ignoble de baronne de trente-cinq ans ; je pleurais tout le temps. George Sand, qui m'avait remarquée, me consola et me promit de me faire jouer *l'Autre*, qu'elle venait d'achever et elle tint parole.

« Vint le *Passant* dont Chilly avait consenti, à gran d'peine, à autoriser la représentation en bénéfice. Il n'y croyait pas du tout, trouvait l'œuvre ennuyeuse, sans intérêt et sans lendemain. Il y croyait si peu qu'il s'était absolument refusé à payer les costumes, et Agar et moi nous fûmes obligées de les commander et de les payer de notre

Phot. Liébert.
Le drame de la rue de la Paix.

poche ! Vous savez le succès que le petit acte de Coppée eut alors ! Nous allâmes le jouer deux fois à la Cour, Agar et moi, avec un succès colossal (1).

(1). Elle jouait ensuite le rôle d'Armande des *Femmes Savantes*, aux *Arrêts* (1 acte de M. de Boissières) le rôle de Mariette, de *François le Champi*, le *Testament de César Girodot*, le *Roi Lear*, le *Legs* de Marivaux, le *Drame de la rue de la Paix*, d'Adolphe Belot (1869). *Loterie du Mariage*.

« On montait *Kean* à l'Odéon, Chilly voulait que ce fût Jane Essler qui jouât le rôle d'Anne Damby, et Dumas l'avait déjà distribué à Antonine. Duquesnel me donna le conseil d'aller voir Dumas, et de ne pas sortir de chez lui sans un mot écrit m'autorisant au moins à répéter le rôle. Je vais chez Dumas. Je me souviens encore, ce fut sa fille qui vint m'ouvrir. Elle me fait entrer, et je trouve Dumas en manches de chemise, avec une femme appuyée à son épaule : je crois que c'était Océana. Je développe timidement le but de ma visite, Dumas m'écoute, me regarde et me dit :

« — Vous êtes très gentille, mais j'ai promis le rôle à Jane Essler.

« J'insiste, et il me confesse qu'il l'a également promis à Antonine.

« Alors, je lui réplique :

« — Puisque vous l'avez promis à deux, vous pouvez bien le promettre à trois...

« J'avais heureusement appris le rôle par cœur, et je me mets à le lui réciter.

« Je me répétais intérieurement ce que Duquesnel m'avait dit :

« — Ne le lâche pas avant d'avoir une lettre !

« J'insiste donc encore :

« — Laissez-moi répéter seulement huit jours... vous verrez alors, vous déciderez...

« De guerre lasse, il me remet une lettre pour Chilly où il lui disait : « C'est Jane Essler qui jouera Anne Damby, mais laissez celle-ci répéter quelques jours... »

« Au théâtre, quand on me vit répéter le rôle, les autres se remuèrent, comme vous pensez...

« Finalement, j'ai gardé le rôle, et je l'ai joué à côté de Berton, avec un très, très grand succès. C'est à cette première qu'arriva à Dumas la fameuse histoire... Il était entré dans sa loge avec Océana. Pendant trois quarts d'heure les étudiants ont crié : « A la porte ! à la porte ! » Tant et si bien que Dumas se vit obligé de sortir avec la femme, de la mettre en voiture, et de revenir seul à sa place escorté par les acclamations des étudiants qui, en somme, n'en voulaient qu'à la femme qui forçait ce grand homme à un pareil scandale.

« Vint ensuite le *Bâtard*, d'Alphonse Touroude et l'*Autre*, de George Sand, qui date de septembre 1869, créations quelconques qui ne me laissèrent pas de souvenirs intéressants. »

La guerre arriva. Des ambulances s'installaient partout. Le *Passant* insou-cieux et souriant prend l'ini-tiative d'en créer une à l'Odéon même, et le 30 septembre, Mme Sarah Bernhardt se mit à l'œuvre, bien résolue à sup-porter tous les frais. Vingt-deux lits furent dressés, les fenêtres eurent d'amples ri-deaux blancs, on posa des por-tières, du linge fut empilé avec symétrie dans les placards, les bocaux et les fioles garnirent la pharmacie, des pyramides de bois et de charbon s'élevèrent dans la cave ; bref, tout ayant été prévu et exécuté sans retard, après quarante-huit heures de travail, on n'eut plus qu'à at-tendre les malades.

Et l'on n'attendit pas long-temps !...

Jour et nuit, Mlle Sarah Bernhardt et ses « aides-de-camp » sont sur pied.

« Nous avons vu au foyer de l'Odéon, disent les feuilles du temps, un sympathique acteur de ce théâtre, M. Porel, atteint, sur le plateau d'Avron, par un éclat d'obus. Sa blessure est, Dieu merci, légère. »

Phot. Nadar.
Rôle de Cordélia dans le *Roi Lear*.

L'artiste s'occupe non-seulement de l'infirmerie, mais encore de l'adminis-tration. L'ambulance étant militaire et devant chaque matin fournir des états variés au Val-de-Grâce (l'hôpital répartiteur), Zanetto inscrit soigneusement

3

les entrées et les sorties des blessés, et tient tous ses comptes avec une remarquable exactitude.

La guerre est terminée, la Commune est finie. La vie reprend dans les
théâtres, et l'Odéon rouvre ses portes. M. André Theuriet confie à Mlle Sarah
Bernhardt le rôle principal de *Jean-Marie*, un acte qu'avait reçu l'Odéon.
Son succès y est éclatant, et ce petit acte, la tragédienne le jouera toute sa
vie, le reprendra dans ses tournées, comme elle le fit pour *Phèdre*.

Rien n'est plus curieux ni plus instructif que de suivre, dès ce moment, les
appréciations de la presse critique sur le talent de Sarah Bernhardt. Tour à
tour on la portera aux nues et on essaiera de l'écraser sous les jugements les
plus sévères, quelquefois les plus injustes, souvent les plus terribles.
Aujourd'hui 14 octobre 1871, écoutez ce qu'en dit M. Francisque Sarcey :

> Si j'ai pris grand plaisir à écouter *Jean-Marie*, c'est que le principal rôle est interprété
> par Mlle Sarah Bernhardt. Il est impossible d'être plus naïvement poétique que l'est
> cette jeune femme qui deviendra une grande comédienne et qui est déjà une admirable
> artiste.
> Tout en elle est essence et parfum.
> Est-elle jolie? On n'en sait rien. Elle est maigre de corps et de visage triste. Mais
> elle a la grâce souveraine, le charme pénétrant, ce je ne sais quoi. C'est une artiste de
> nature, et une incomparable artiste.
> Il n'y a personne comme elle à la Comédie-Française.

Dix jours après, c'est la première représentation de *Fais ce que dois*, un
acte en vers de M. Coppée. Le même critique écrit ces simples mots : « Les
deux sœurs Bernhardt, Sarah et Jeanne jouent deux rôles tellement insigni-
fiants, qu'elles n'en tirent rien. »

On parle du départ de Mlle Favart, de la Comédie-Française, et M. Sarcey
écrit le 4 novembre : « La succession de Mlle Favart doit fatalement revenir
à Mlle Sarah Bernhardt, autrement ce serait une monstrueuse injustice. »

Nonobstant ces objurgations passionnées, l'Odéon conserve sa jolie proie.
On lui donne à jouer en novembre la *Baronne*, de MM. Charles Edmond et
Édouard Foussier. Et déjà on constate que le péplum antique lui va mieux
que le costume tailleur. Infatigable, deux mois après, en janvier 1872, elle
créa Mlle *Aïssé*, quatre actes en vers, de Louis Bouilhet. Paul de Saint-Victor
se montre sévère pour la jeune artiste :

> Mlle Sarah Bernhardt, dit-il, joue très médiocrement le rôle d'*Aïssé*. Elle y est faible et
> dolente, sans énergie et sans voix. Aux plus grands éclats de passion, elle donne le ton

d'une cantilène monotone. On ne peut dire qu'elle a tué la pièce, qui n'était pas viable vraiment, mais une autre actrice l'aurait peut-être fait mourir d'une belle mort violente et tragique.

Elle dépérit avec elle de langueur et d'inanition.

Mᴵˡᵉ Sarah Bernhardt arrivait à un tournant de sa vie. Victor Hugo, de retour en France depuis le 4 septembre, faisait reprendre ses drames dans les théâtres, et la direction Chilly-Duquesnel s'était décidée pour la reprise de *Ruy Blas*. On cherchait une Reine d'Espagne. Un soir, il y avait grand dîner chez Victor Hugo, et l'on s'ingéniait à nommer les interprètes possibles de *Ruy Blas*. Tout était bien arrêté ; seul le personnage de la Reine soulevait quelque discussion. M. Paul Meurice appuyait fort Mᴵˡᵉ Jane Essler, lorsque Victor Hugo, s'adressant à Busnach qui était là.

— Voyons, vous qui ne dites rien, donnez-moi votre avis.

— Ma foi, s'écria le dramaturge avec feu, je ne vois que Mᴵˡᵉ Sarah Bernhardt, et je l'appuie de toutes mes forces.

Phot. Nadar.

Rôle de Doña Sol, dans *Hernani*.

Busnach continua son plaidoyer avec tant de chaleur que le lendemain Victor Hugo demandait une audition à l'artiste qui fut agréée d'emblée.

Et voilà comme quoi Mᴵˡᵉ Essler...

Le succès de Sarah fut réel. Auguste Vitu écrivait dans le *Figaro* (19 février 1872) :

De la sensibilité, de la grâce, de la passion même, ont animé le rôle assez mince de Dona Maria.

Si Mᴵˡᵉ Sarah Bernhardt arrivait à se débarrasser au début du second acte de cette psalmodie lugubre que je lui ai déjà reprochée et qu'elle considère à tort comme l'expression de la mélancolie ou de la tristesse, elle compléterait une création remarquable et qui lui fait honneur.

M. Sarcey était plus chaud :

Jamais rôle ne semblera mieux taillé sur le patron du talent de Mlle Sarah Bernhardt que celui de cette reine mélancolique ennuyée et triste. Elle a reçu le don de la dignité affaissée et plaintive. La diction est d'une netteté si parfaite qu'on n'en perd pas une syllabe, mais un peu faible pour les grands mouvements de passion du dernier acte ; mais beaucoup de sensibilité et de chaleur dans les transports du dénouement.

Le lendemain, campagne fut menée dans la presse pour mettre M. Perrin, administrateur du Théâtre-Français, en demeure d'engager la brillante étoile qui venait de se révéler. Mais un engagement liait Sarah à l'Odéon, et les Directeurs ne voulaient rien entendre. On fit des ouvertures à l'artiste qui se décida à plaider la rupture de son contrat ; elle perdit et paya un modeste dédit de 5,000 francs au second Théâtre-Français.

La voilà donc revenue au berceau de ses débuts. L'événement fut grand dans le monde des théâtres et spécialement, comme on pense, dans la maison de Molière. Mais, le souvenir du succès du *Passant* et de *Ruy Blas* firent taire les mauvaises langues et bientôt on s'habitua à « compter » avec la nouvelle pensionnaire. Elle se mit, d'ailleurs, au travail avec une ardeur surprenante, et la voici qui débute, le 5 novembre 1872, par *Mlle de Belle-Isle*.

C'est désormais acquis, elle a le rayon, elle a la flamme. Elle captive, elle émeut, elle passionne. Elle manque encore de puissance et de force, mais elle a des trouvailles d'une inspiration heureuse et exquise. Paul de Saint-Victor, pourtant, persiste à la combattre.

Elle a fait, dit-il, dans le rôle de Gabrielle un très médiocre début. La renommée factice qu'on lui a faite à l'Odéon et qui l'a conduite à la Comédie-Française ne soutient pas l'examen.

Sa diction est d'une monotonie endormante : aucun relief et aucun éclat : rien qui franchisse la rampe. Elle n'a qu'une note, celle de la plainte dolente et traînante. Que l'action se presse, que la passion s'allume, elle s'éteint, il n'y a plus personne, ni force, ni vie, ni flamme, ni couleur.

Le rôle meurt de langueur.

Quels services Mlle Sarah Bernhardt pourra-t-elle jamais rendre au Théâtre-Français ? Il ne peut être question de lui faire créer un premier rôle dans un drame moderne : tout au plus pourra-t-elle y tenir l'emploi d'une pâle doublure de Mlle Favart.

La faiblesse de sa voix et l'insuffisance de son talent lui interdisent également les grands rôles de la tragédie ; je ne l'y vois à sa place que dans les figures d'arrière plan.

Elle pourra soupirer assez mélodieusement les tirades de l'Atalide de *Bajazet* ou de l'*Aricie* de Phèdre. C'est tout, c'est bien tout et ce n'est pas assez pour motiver le bruit qu'on a fait autour d'un début qui promet si peu.

Si je donne ici ces jugements injustes, d'un écrivain célèbre, qu'on croie bien que c'est seulement pour aider le lecteur à se documenter sur la vanité de la critique !

En janvier et en février 1873, Mlle Sarah Bernhardt joua successivement la Junie de *Britannicus*, *Mlle de Belle-Isle*, et Chérubin du *Mariage de Figaro*. A part M. Sarcey, la presse n'y prend pas garde. Lui estime qu'elle réalise un des meilleurs Chérubin qu'on ait vus ; c'est le gamin aventureux, le petit gredin dont on dit : « Si celui-là plus tard manque de femmes!... » Elle a de gentils mouvements de collégien dépité, des emportements de jeune coq dont la crête se hérisse. On sent qu'elle désire et qu'elle n'aime pas. Ce début est très heureux.

Le mois suivant (28 mars 1873) elle joue Léonora dans la reprise de *Dalila*, d'Edmond About. Ah ! il faut qu'elle lutte ! Ses défenseurs ont l'air de l'abandonner, M. Sarcey la boude...

Je crains, dit-il, que le directeur ne se trompe en lui confiant dès aujourd'hui des rôles de premier plan, j'ignore si Mlle Sarah Bernhardt sera jamais capable de les remplir. En tous cas, elle ne l'est pas en ce moment. Il lui manque l'ampleur, la force et l'autorité. Admirable dans les personnages tendres, son insuffisance éclate quand on charge ses frêles épaules d'un rôle qui porte tout le drame.

Phot. Tourtin.
Rôle de Léonora dans *Dalila*.

Et celui qui, l'an dernier, réclamait pour elle la succession de Favart, ajoute aujourd'hui :

Après Fargueil et Favart, ses deux célèbres devancières, Mlle Sarah Bernhardt n'a guère excité qu'une curiosité bienveillante. Mauvaise, elle ne saurait l'être, car elle est artiste dans l'âme et jusqu'au bout des ongles. Sa voix manque de mordant, d'ironie; elle est dure et martelée. Elle-même est raide dans tout l'ensemble de sa personne. Elle n'a rien de la pieuvre, elle est rude plutôt que sèche et sèche plutôt que féline.

Auguste Vitu la plaisante sur sa maigreur :

Mlle Sarah Bernhardt est charmante dans sa robe de gaze lamée d'or. On dirait d'une aiguille tirée à quatre épingles. Elle avait pourtant plu dans l'acte de la loge, mais elle a paru faible et dépourvue de grâces aristocratiques dans les scènes poignantes de l'avant-dernier tableau. De la sorcière aux philtres enivrants elle n'a que la baguette, et la baguette, c'est elle-même.

Paul de Saint-Victor s'acharne :

Mais quelle singulière idée de faire paraître Mlle Sarah Bernhardt dans ce grand rôle de *Léonora* encore tout brûlant de la flamme de Mlle Fargueil. Le charme vainqueur, la fierté princière, l'esprit altier et mordant, l'insolence légère et mortelle, le grand jeu du pathétique simulé et du faux amour, toutes les cordes du rôle manquent à sa nature qui n'a que celle de la plainte faible et voilée. En forçant ce ton elle détonne. Elle a voulu être impérieuse et elle n'a été que brutale ; ses dédains sont sans hauteur et ses séductions sont vulgaires.

C'est une étrange illusion de croire qu'elle pourra remplir et soutenir un grand rôle. Tous les efforts qu'on fait et qu'on fera pour la pousser sur ce premier plan ne serviront qu'à démontrer son insuffisance.

De mauvais camarades la firent attaquer dans la presse sur sa nationalité. On raconta qu'elle était allemande et juive : « Juive, certes! répondit-elle, — mais allemande, non pas. » Elle écrivit alors à M. Jouvin cette lettre qui en fait foi :

Monsieur, je vous serai vraiment très obligée de mettre un petit mot dans votre prochain feuilleton, lequel mot serait la rectification de l'erreur que vous avez commise dans votre article sur la reprise de *Dalila* à la Comédie-Française.

Depuis ce jour, je ne reçois que des lettres insultantes, menaces et invectives de toutes sortes. Il a fallu cette avalanche pour me décider à vous écrire. Je suis Française, Monsieur, absolument Française. Je l'ai prouvé pendant le siège de Paris, et la Société d'encouragement au bien m'a décerné une médaille d'honneur. L'eût-elle fait à une Allemande ?

Toute ma famille est originaire de la Hollande. Amsterdam est le berceau de mes modestes aïeux. Si j'ai de l'accent, Monsieur (et je le regrette beaucoup), mon accent est cosmopolite, mais non tudesque. Je suis fille de la grande race juive, et mon langage un peu rude se ressent de nos pérégrinations forcées.

Enfin, Monsieur, je réclame de votre justice la rectification d'une erreur préjudiciable à l'avenir de mon fils et douloureuse à mon cœur de Française. Je vous en remercie à l'avance, Monsieur, et je vous prie d'agréer l'expression de ma sympathie quand même.

                                        SARAH BERNHARDT.

Le 4 juin 1873, elle crée Mrs Douglas dans l'*Absent* d'Eugène Manuel, et Marthe dans *Chez l'avocat,* un acte de Paul Ferrier. Ce furent deux créations insignifiantes dont elle ne tira aucun succès. La presse fit le silence à peu près complet.

Elle ne prend pas de congé! Pendant le mois d'août, elle rejoue *Andromaque*, et le *Temps* lui redevient doux.

Mlle Sarah Bernhardt a été tendre, ensorcelante, coquette, et surtout féminine, c'est comme si l'on entendait Batta soupirer sur son violoncelle un air passionné et triste.

Quinze jours après, le 17 septembre, on la trouve jouant l'*Aricie* de *Phèdre*. Le *Figaro* la complimente avec banalité. On lui reproche d'être mal vêtue, mal arrangée, mal peignée. Mais M. Sarcey sort pour elle ses verbes les plus louangeurs, les plus extasiés :

Cette fois, il a bien fallu se rendre, et toutes les mauvaises humeurs qu'avait éveillées sa fortune ont dû céder devant l'évidence. Mlle Sarah Bernhardt a ravi tout le public. On n'a jamais mieux dit les jolis vers du rôle d'*Aricie*. C'est proprement une musique que la voix de cette femme. Un frémissement ininterrompu de plaisir a passé dans tout l'auditoire.

On reprend, en janvier 1874, *Péril en la demeure* d'Octave Feuillet. Elle apporte sa grâce poétique et tendre au personnage de la jeune femme

Mme Sarah Bernhardt et son fils Maurice à 15 ans.

près de succomber. C'est une création vaporeuse de Musset égarée dans le milieu bourgeois des proverbes de M. Feuillet.

Dans le *Sphinx*, 23 mars 1874, du même auteur, elle joue le rôle un peu sacrifié de *Berthe de Savigny*, Et la presse enregistre que c'est la première fois que Mlle Sarah Bernhardt, qui n'a été subie jusqu'à présent qu'à grand'peine par le public parisien des premières représentations, obtient devant lui un succès franc et incontesté. Elle a réussi à amener au premier plan son rôle secondaire.

Et cependant — ajoute l'un de ses critiques, — Mlle Sarah Bernhardt n'a rien fait pour empiéter sur ses camarades, elle a joué avec beaucoup de discrétion. Mais ses moindres mots dit de cette voix d'or, avec cette grâce noble et chaste, avec cet accent d'émotion profonde, s'en allaient remuer tous les cœurs.

Elle n'a pas encore fini de lutter ! Elle suscite chez un petit nombre d'amateurs des admirations très vives, et chez les autres des colères et même des répugnances ! Il avait fallu à M. Perrin presque de l'audace pour l'engager. Jusqu'à présent, les épreuves sont restées douteuses, la majorité est contre elle. Elle éveille chez ses camarades une envie sourde mais intense. Elle se commande pour le *Sphinx* une toilette de 2.500 francs que M. Perrin entend faire payer sur la caisse du théâtre... Les dames sociétaires murmurent...

Elle joue ensuite un acte en vers de M. Paul Denayrouse, la *Belle Paule,* et, en août, elle reprend *Zaïre*. C'est le succès le plus complet qu'elle eût obtenu depuis son entrée à la Comédie-Française. Il dépasse de beaucoup celui de ses partenaires. M. Vitu, M. Sarcey le constatent. Seul, Paul de Saint-Victor s'entête dans le dénigrement ; il la trouve monotone et faible, défaillante et somnolente : au premier plan elle n'existe plus !

Le 22 décembre, elle prend le rôle de *Phèdre,* pour la première fois. C'était une grosse partie à risquer ! Car c'est un des rôles les plus fatigants du répertoire. Au premier acte, on devina chez l'actrice un trac fou. Les dents serrées, le son ne passait à travers les lèvres que court et martelé. Tout était sec et légèrement rauque. Mais au second acte, l'assurance vint, et après la déclaration de Phèdre à Hippolyte commença le succès pour durer jusqu'à la fin. Mlle Sarah Bernhardt a suivi avec un art merveilleux le mouvement des dernières périodes, et, malgré sa complexion délicate, dans la scène d'extrême violence avec Hippolyte, elle a été admirable. Au quatrième acte, elle a cédé à l'entraînement du rôle et s'est *emballée*. A un certain moment elle a perdu pied, égarée, et pour la première fois de sa vie je crois, elle a fait un vers faux, elle qui est la poésie en personne.

C'est la plus cruelle petite mésaventure dont puisse être frappée une comédienne. Au lieu de dire : « Reconnais sa vengeance aux fureurs de ta fille. »

Elle a dit : « Reconnais sa fureur aux vengeances de ta fille. »

Le public, au reste, n'y a fait nullement attention et peut-être l'actrice non plus.

Phot. Aaron.

Mme Sarah Bernhardt dans le rôle de *Cléopâtre*.

4

En fin de compte elle est restée maîtresse du champ de bataille.

M. Sarcey la trouve supérieure à Rachel.

M. Jouvin, dans la *Presse*, estime que la Clairon, qui nous a laissé le résumé de ses impressions sur le rôle, eût été forcée d'y applaudir Mlle Sarah Bernhardt.

Le 15 février 1875 a lieu la première représentation de la *Fille de Roland*, d'Henri de Bornier. Mlle Sarah Bernhardt, y joua le rôle de Berthe à côté de Maubant et de Mounet-Sully. Ici encore la critique est divisée : Paul de Saint-Victor, dans le *Moniteur Universel*, dit d'elle que ce n'est qu'une diseuse de vers agréable, sans aucune des qualités variées et vivantes de la tragédienne.

C'est toujours la même jérémiade musicale, le même débit chantant et dolent appliqué à toutes les tirades.

Quand la situation s'échauffe et s'exalte, la mélopée monte d'un ton, mais l'air ne change pas.

Cette cantilène perpétuelle n'est interrompue aux moments violents que par des cris essoufflés et douloureux à entendre. Ses éclats sont ceux d'une voix qui se brise : l'oreille en est tout égratignée.

Rôle de la *Fille de Roland*.

D'après Auguste Vitu, dans le *Figaro*, l'interprétation est suffisante. rien de plus.

M. Sarcey dit, au contraire, qu'on doit lui rendre cette justice qu'elle a fait quelque chose de rien.

Elle avait été élue sociétaire l'après-midi qui précéda la première représentation, en même temps que son camarade Laroche. On avait désarmé ! Et le soir, les journalistes stupéfiés purent voir la troupe féminine de la maison, au grand complet, applaudissant à tout rompre, — oh ! les excellentes camarades — la nouvelle sociétaire !

Le 27 avril 1875, reprise de *Gabrielle*, d'Emile Augier. Elle joue avec Coquelin. Elle fait de son personnage une femme idéale et poétique et romanesque à contre-sens. On le lui reproche. Elle retravaille le rôle, et, en décembre de la même année, elle a recréé une autre Gabrielle. M. Sarcey retourne la voir et s'aperçoit avec étonnement qu'elle s'est, en effet, absolument transformée !

Le Salon ouvre ses portes. Oh ! surprise ! Sarah Bernhardt y a exposé les bustes d'Émile de Girardin et de Busnach. Et elle a un succès qui empêche plus d'une camarade de dormir. On ne peut plus mettre les pieds dans n'importe quelles coulisses sans être assailli par ces questions :

— L'avez-vous vu ? Comment le trouvez-vous ?

— Est-il vraiment bien ?

Est, c'est du fameux groupe qu'il s'agit.

Chaque artiste rêve maintenant d'ajouter une petite corde à son arc et de se payer son succès de peinture.

Clairin et Louise Abbéma exposent son portrait au Salon.

La Sarah Bernhardt de Mlle Louise Abbéma est en robe de cachemire noir avec jupe de soie gris fer, guimpe de guipure noire, chapeau noir à plume noire, costume de *Mistress Clarkson* dans l'*Étrangère*.

La Sarah Bernhardt de M. Clairin est en peignoir de cachemire blanc, garni de plumes blanches, flot de dentelles aux manches et au cou, mules en satin noir sur des bas de soie bleu ciel, grand écran en plumes, le tout serpentant sur un divan de velours cerise, avec coussin en soie bariolée.

Voilà désormais Sarah Bernhardt lancée en pleine mode parisienne. Et sa vogue ira toujours en grandissant. On commence à s'informer de ses moindres faits et gestes. Cette curiosité du public et des badauds paraît exciter la femme originale et indépendante qu'elle est, à braver le qu'en dira-t-on des snobs et l'hypocrisie bourgeoise. On raconte d'elle, vers ce temps, une infinité d'histoires plus ou moins vraies et d'excentricités prouvées.

Elle est constamment préoccupée de l'idée de la mort, son organisme frêle n'est pas encore formé sans doute. Elle a, de temps en temps, des syncopes en scène, et son imagination désordonnée la porte instantanément à supposer les pires événements. Mais le ressort inouï de cette nature exceptionnelle lui fait retrouver le lendemain une vitalité, une force nouvelles.

Elle ne doute plus de rien. Après l'abattement complet d'hier, la voilà qui rêve des joies, des jouissances démesurées.

Un jour, elle commande un cercueil à sa mesure, se le fait apporter

Phot. Mélandri.

Sarah Bernhardt dans son cercueil.

chez elle. Ce cercueil, qu'elle a bravement installé au pied de son lit, est en bois de poirier, et porte pour tout ornement les initiales de l'artiste : S. B. avec la devise : *quand même!* A l'intérieur, tout est capitonné de satin blanc. Matelas, oreiller, coussins, un vrai lit de coquette, comme on voit ; sans la perspective du couvercle toujours prêt à se refermer, il semble qu'on s'étendrait volontiers sur cette couche riante et parfumée. Malheureusement, il y a un couvercle. Il y a même bien autre chose encore. Par un caprice étrange et poétique tout à la fois, Mlle Sarah Bernhardt a tapissé le fond du cercueil avec tous ses souvenirs : lettres d'amour, bouquets fanés sont là pêle-mêle, attendant la venue de celle qui les a reçus ou portés, pour lui rappeler dans la tombe les heures joyeuses ou tristes passées ensemble.

A la première de l'*Étrangère* (15 février 1876), tout le succès avait été pour elle. La presse avait été sévère pour l'œuvre de M. Dumas.

Si Mlle Sarah Bernhardt, dit M. Sarcey, n'avait jeté sur la niaiserie romanesque du rôle de *Mistress Clarkson* la prestigieuse poésie de son geste et de sa diction, le public aurait pouffé de rire.
C'est du mauvais mélodrame de l'Ambigu.

Sa santé reste jusqu'à présent débile. Le soir d'une représentation de l'*Étrangère* (25 mai 1876), un incident trouble le spectacle. M. Got avait fait une annonce réclamant l'indulgence du public pour Mlle Sarah Bernhardt qui se trouvait indisposée. L'annonce n'était point inutile, car dès l'entrée en scène de la jeune artiste, il fut facile de s'apercevoir qu'elle jouait sous l'empire d'une souffrance profonde. La représentation suivit cependant son cours.

Mais, au troisième acte, vers le milieu de sa longue tirade, Mlle Sarah Bernhardt pâlit tout à coup, tendit les bras en avant et tomba raide sur le théâtre.

Une émotion indescriptible s'empara de toute la salle. Le rideau avait été aussitôt baissé, et les bruits les plus sinistres se répandaient déjà, lorsque M. Got vint rassurer le public en lui annonçant toutefois que l'état de santé de Mlle Sarah Bernhardt était assez grave pour qu'il lui fût impossible de songer à reparaître en scène.

Mlle Lloyd, qui avait été prévenue immédiatement, continua la représenta-tion, mais l'émotion des artistes et les douloureuses préoccupations du public étaient telles, que le spectacle se termina fort tristement.

A minuit, on va prendre des nouvelles. L'artiste va un peu mieux, mais le plus grand repos est nécessaire.

Le docteur lui interdit même de parler.

Va-t-elle entrer au couvent ? De petits filets courent à ce sujet dans les journaux :

On raconte qu'une artiste du Théâtre-Français, à la suite de chagrins intimes, aurait voulu tâter ces temps derniers des douceurs de la solitude de la vie monastique.

Mais après deux jours de retraite, la comédienne aurait, paraît-il, compris qu'elle n'était pas encore mûre pour la vie du cloître ; elle a dit adieu aux murs froids du couvent et elle est revenue rue Richelieu, au grand désespoir de ses camarades qui la voient de jour en jour se transformer d'étoile en planète.

Allons, M. Sarcey, on ne peut pas se passer de vous !!!... (*Figaro* du 9 juillet 1876).

Nonobstant, l'artiste continue à travailler. Le 27 septembre, a lieu la première de *Rome Vaincue*, de M. Parodi. Le succès lui est, cette fois, définitif, éclatant. Pas une voix discordante. Écoutez ce qu'en dit Auguste Vitu :

Drapée comme une statue antique, la tête couronnée de longues boucles de cheveux blancs sous son voile de matrone, Mlle Sarah Bernhardt a fait du personnage de *Posthumia* la plus belle de ses créations. Nulle actrice contemporaine n'aurait rendu cette figure avec autant de noblesse, de grandeur et de sensibilité vraie.

Phot. Nadar.

Rôle de Doña Sol, dans *Hernani*.

Les larmes, les vraies larmes du public, lui ont prouvé à quel degré elle avait touché les esprits et les cœurs.

Quant à M. Sarcey, il est lyrique :

Ah! Monsieur, me disait Parodi, quand il venait causer avec moi des répétitions

qui s'avançaient, je ne me suis douté moi-même, qu'en écoutant M⁰ Sarah Bernhardt, de tout ce qu'il y a dans ce rôle.

« C'est elle qui l'y met. Je ne reconnais plus mes vers quand ils passent par sa bouche!... »

Le fait est que j'ai rarement vu quelque chose d'aussi parfaitement beau, surtout au dernier acte.

Ce n'était plus une comédienne.

C'était la nature même, servie par une intelligence merveilleuse, par une âme de feu, par la voix la plus juste, la plus mélodieuse qui ait jamais enchanté les oreilles humaines! Cette femme joue avec son cœur et ses entrailles.

C'est une artiste merveilleuse, incomparable, une créature d'élite magnifique, en un mot, une actrice de génie.

Elle reprend *Hernani*, le 21 novembre 1877, avec un succès considérable.

Il n'y a plus à y revenir : elle est décidément l'enfant gâtée du public, elle a vaincu presque tous ses adversaires, et le public ne compte, pour ainsi dire, plus que des admirateurs de son talent. Elle le sait, et en profite. Pourtant, elle a des minutes d'humilité et de renoncement. Tour à tour elle menace, elle défie et elle s'incline et elle s'attendrit.

C'est ainsi, par exemple, que le 1ᵉʳ janvier 1878 elle écrit à son directeur :

Phot. Reutlinger.
Rôle de Doña Sol dans *Hernani*.

1ᵉʳ janvier 1878.

Je commence mal l'année, mon cher Monsieur Perrin. Ce matin, j'ai eu froid en revenant du cimetière et je suis bien souffrante. Il m'eût fait bon de vous dire ce soir toute la tendresse reconnaissante que j'ai pour vous. Si vous pouviez comprendre à quel point je suis vôtre! Enfin, tout cela est bien difficile à dire. Je vous dois tout. J'avais des qualités, vous les avez mises en lumière. J'avais le dessein de devenir un petit quelqu'un, vous l'avez voulu. Que votre volonté soit bénie, et permettez-moi de vous embrasser de plein cœur, comme je vous aime! Je suis un peu triste d'être malade et je ne sais jamais si je finirai l'année qui commence.

Monsieur Perrin, je vous aime bien.

SARAH BERNHARDT.

Marque indiscutable de sa célébrité : une légende commence à se former sur elle.

Elle aurait jeté un petit chat tout vivant dans les charbons ardents ;

Elle aurait empoisonné, de ses blanches mains, deux singes qui avaient cessé de lui plaire ;

Elle aurait coupé la tête à un chien pour essayer de résoudre le problème de la vie après la décollation ;

Le squelette qu'elle possède dans sa chambre à coucher, ne serait-ce pas aussi une de ses victimes ?...

Or, elle avait chez elle deux lévriers russes, un caniche, un dogue, un terrier, une levrette, un perroquet, trois chats et des oiseaux. Plus tard elle eut des lions!

Une femme qui a l'air de tant aimer les bêtes est-elle aussi capable de les martyriser de la sorte ?

Au bénéfice de Bressant, le 27 février 1878, elle joue deux actes de l'*Othello* de Jean Aicard, avec M. Mounet-Sully qui y remporte une veste. M. Sarcey dit :

Phot. Nadar.

Mme Sarah Bernhardt en costume de voyage.

Pour Mlle Sarah Bernhardt, c'est elle qui a positivement sauvé la soirée. Elle a eu, quand elle vient d'être assassinée, un mouvement si beau, élégant et tragique tout ensemble, la tête roulant hors de la couche et les bras pendant hors du lit, que les applaudissements enthousiastes ont éclaté de toutes parts.

5

M. Auguste Vitu résume ainsi son opinion :

Mlle Sarah Bernhardt a été fort belle dans *Desdémone*. C'est une de ses meilleures créations. Je me tais sur M. Mounet-Sully à qui cette nouvelle tentative n'a pas réussi.

Le 2 avril, elle joue pour la première fois Alcmène d'*Amphytrion*. La presse n'en parle pas.

Elle reprend *Zaïre* le 30 mai, et le *Sphinx* le 28 octobre. Le succès continue.

Sur ces entrefaites, l'aéronaute Giffard avait installé à l'Exposition Universelle son fameux ballon captif. Elle y monta plusieurs fois. Le boulevard s'en émut. Pour se rendre compte de l'état d'esprit « potinier » de ce temps, il faudrait citer tout un article qu'Albert Millaud écrivit alors dans le *Figaro*, et auquel Sarah répondit le lendemain :

Votre bienveillance pour l'artiste, Monsieur, m'engage à défendre la femme. Cela de vous à moi. Ce sont des ennemis adroits, et non des ennemis maladroits qui me lancent ainsi à la tête du public.

Je suis tout à fait énervée de ne pouvoir rien faire sans être accusée de bizarrerie. Je trouvais un grand plaisir à monter en ballon, je n'ose plus y mettre les pieds.

Je n'ai jamais écorché de chiens, jamais brûlé de chats. Je ne suis pas teinte, et la fraîcheur de mes joues ressemble assez à la pâleur des mortes.

Ma maigreur est excentrique, dit-on, mais qu'y puis-je faire? Je préférerais de beaucoup être un délicieux juste à point.

Mes maladies sont tapageuses! Le mal vient sans crier gare, et me jette inanimée là où je me trouve, tant pis s'il y a du monde !

On me reproche de vouloir tout faire : théâtre, sculpture et peinture; mais cela m'amuse et j'y gagne de l'argent, que je dépense ainsi qu'il me plaît.

Voilà mes crimes, Monsieur, vous avez été mon avocat, sans le vouloir, peut-être!... mais je vous en remercie de tout mon cœur.

J'ai voulu, puisque vous applaudissiez l'artiste, Monsieur, que la femme ne fît pas trop vilaine ombre au tableau! et puis, voilà, cela m'a fait plaisir de me plaindre.

Merci pour votre sympathie, Monsieur Millaud.

                                        SARAH BERNHARDT.

Elle publia quelque temps après, le récit de ses ascensions : *Dans les nuages, Impressions d'une chaise*, volume amusant très joliment illustré par Clairin, de gaieté simple et franche qui eut beaucoup de succès. On ne manqua pas, naturellement, de crier de nouveau à la réclame, et de cribler d'épigrammes ses prétentions littéraires, mais elle devait commencer à s'y habituer... Des journaux lui demandent sa collaboration. Le *Globe* lui offre de faire la critique du Salon de 1879, un autre lui demande ses impressions sur l'Angleterre où elle va bientôt aller jouer.

« On se demande, s'écrie Albert Millaud, avec une stupeur mêlée d'effroi, comment une frêle créature, faite de poésie et de grâce, peut résister à de pareils labeurs... »

Le 7 février 1879, elle joue pour la première fois Monime dans *Mithridate*. Effet considérable. C'est à elle que va tout le succès de la représentation. « Si jamais rôle convient à Mlle Sarah Bernardt, dit M. Sarcey, c'est bien celui de Monime. »

« On le dirait écrit pour elle », s'exclame M. Auguste Vitu. L'irréductible Paul de Saint-Victor lui-même s'incline :

> Le rôle est dans les cordes de son talent, il est écrit pour sa voix, elle en a l'accent mélodieux, le ton uni, la douceur touchante relevée par quelques élans de dignité offensée, par quelque sourire d'ironie tranquille. Elle y a été très justement applaudie.

Le 4 avril, c'est la reprise de *Ruy-Blas*. M. Claretie affirme qu'il n'est pas possible de rêver incarnation plus exquise d'une figure poétique, et de mieux dire, et de mieux peindre. Émile Zola écrit dans son feuilleton du *Voltaire :* « *Ruy-Blas* est joué à la Comédie-Française avec une rare perfection. Mlle Sarah Bernhardt est d'un charme exquis. »

M. Auguste Vitu apprécie l'artiste en ces termes :

> Mlle Sarah Bernhardt n'a pas mieux joué hier soir son rôle de la Reine qu'en 72 à l'Odéon, car à cette époque elle était la perfection même.
>
> Les applaudissements, les rappels lui ont prouvé hier qu'elle était tout aussi exquise qu'il y a seize ans.

Le soiriste du *Figaro* raconte :

> Tous les artistes ont le trac.
>
> Sarah n'est pas plus vaillante que ses camarades, au contraire. Au second acte, elle tremblait si fort que lorsqu'elle a voulu saisir le menton de sa jeune suivante, Casilda, elle n'a pu indiquer que le geste.
>
> — Grand Dieu! lui a dit tout bas la gentille Baretta, ne tremblez pas comme ça, vous me donnez une peur terrible.
>
> Par exemple, une fois remontée dans sa loge, Sarah s'est mise à pleurer à chaudes larmes, mais heureusement c'était la joie qui était cause de cette effusion lacrymale.

Hugo n'est resté que peu de temps dans la salle. Après le premier acte, il est allé faire une visite à Sarah Bernhardt avant son entrée en scène.

Avant le cinquième acte, Sarah est venue auprès du poète se faire dire quelques-unes de ces bonnes paroles d'encouragement qu'il trouve si bien et qui lui donnent, à elle, tant d'ardeur et de confiance.

Phot. Tourtin.

Rôle de Léonora dans *Dalila*.

Voilà bientôt sept ans que Mlle Sarah Bernhardt est à la Comédie-Française, et ceux qui la connaissent, commencent à s'étonner d'un aussi long stage! Dans cette année 1879 vont se passer quelques petits événements qui, peu à peu, prépareront la grande fugue définitive de l'artiste de plus en plus assoiffée d'indépendance, d'espace et de mouvement.

La Comédie-Française a signé avec l'impresario Mayer pour aller donner en juin au Gaiety-Theatre de Londres une série de représentations. Sarah y jouera l'*Étrangère*, *Phèdre*, le *Sphinx*, *Hernani*, *Andromaque* et *Zaïre*.

Le 1er juin on part pour Londres. Le 2, disent les dépêches, on joue *Phèdre*.

Le 3 juin, c'est l'*Étrangère* : on reçoit Sarah un peu froidement d'abord. Mais bientôt la glace britannique fond sous la flamme ardente de la tragédienne. Et le 9 juin M. Sarcey peut écrire :

Les Anglais peuvent avoir à la fois deux idoles, et ils sont tout entiers à Mlle Sarah Bernhardt.

Le premier soir, elle jouait en guise d'intermède, le second acte de *Phèdre*. C'est elle qui avait exigé cette intercalation au programme. Il paraît qu'au

moment d'entrer en scène, elle fut prise d'une de ces peurs bleues qui
paralysent quelquefois les artistes.

Elle tomba à la renverse, à demi-pâmée; et ses camarades passèrent dix
minutes à rappeler, par
d'énergiques frictions, la
chaleur aux extrémités qui
s'étaient subitement refroi-
dies. On la porta en scène
plutôt qu'elle n'y entra.
Elle attaqua, naturellement,
trop haut, continua et fut
perdue.

Les Anglais ne virent
rien d'ailleurs, et l'applau-
dirent avec frénésie; ils
l'ont rappelée et quand elle
est reparue, pâle, à demi
morte appuyée au bras de
Mounet-Sully, sans qui elle
serait tombée, ils l'ont acclamée furieusement.

Mais voilà que tout va
se gâter!

La Comédie-Française
avait affiché l'*Étrangère*
pour son spectacle de
l'après-midi, et pour le soir
Hernani. C'était beaucoup
pour Mlle Sarah Bernhardt,
qui joue dans les deux piè-

Phot. Nadar.

Mme Sarah Bernhardt en 1877.

ces. Mais les deux rôles ne sont pas très fatigants. Mistress Clarkson n'a,
comme doña Sol, qu'un acte où il lui faille sérieusement donner de sa personne. Mlle Sarah Bernhardt n'avait d'ailleurs pas joué depuis *Zaïre*, et elle
avait eu le temps de se reposer.

Il est vrai, et c'est là le grief de la Comédie, qu'elle ne s'était point reposée. Elle avait notamment, dans la nuit du vendredi au samedi, joué chez une personne riche et devant un auditoire aristocratique le *Passant* et le second acte de *Phèdre*.

Quand vint l'heure où elle devait se rendre au théâtre, elle envoya sa femme de chambre prévenir qu'elle était fatiguée, qu'elle ne jouerait pas.

Vous imaginez aisément l'émotion. La salle était louée du haut en bas, les représentations du samedi étant toujours les plus fructueuses. On sait combien le public anglais est formaliste. Ne prendrait-il pas pour une impolitesse flagrante l'annonce qu'on allait être obligé de faire? Comment en si peu de temps improviser un autre spectacle? Si au moins elle avait prévenu dans la matinée!

Force est enfin de se résoudre à une annonce. C'est Coquelin qui se dévoue. En excellents termes, il met le public au courant de l'incident qui survient, le prie d'excuser la Comédie-Française, et déclare en terminant qu'il n'y aura pas de représentation.

C'est dans la salle un grand brouhaha coupé de quelques sifflets. Des sifflets de désapprobation, en Angleterre, dans un théâtre aristocratique! Rien n'est, à ce qu'il paraît, plus rare.

Le hasard envoie un artiste de renfort, qui était venu prendre ses lettres chez la concierge. On s'avise que l'on pourra jouer *Tartuffe*.

— Allons! Coquelin, une nouvelle annonce.

Car c'est à Coquelin, en qualité de semainier, à parler au public. Mais Coquelin est tout démonté.

— Je m'en vais avoir l'air d'une girouette! Je ne peux pas, décemment, à cinq minutes d'intervalle, dire blanc, puis noir. Que Got y aille!

Got est en effet le doyen. C'est lui qui est l'homme sage et la forte tête de la compagnie; c'est lui l'extrême recours dans les circonstances graves.

Il fit un petit discours pour dire qu'on allait jouer *le Tartuffe* à ceux qui voudraient rester; qu'on rendrait l'argent à ceux qui préféreraient cette solution; et que, pour ceux qui tenaient à voir l'*Étrangère* et aimaient mieux garder leurs coupons, on donnerait mercredi dans la journée une nouvelle représentation de l'*Étrangère*.

Voilà bien des complications, bien des embarras! Heureusement, c'est aujourd'hui dimanche, et les journaux anglais ne feront pas de commentaires sur cette aventure.

Et M. Sarcey qui avait, selon son habitude, suivi la Comédie-Française dans son voyage, faisait cette réflexion :

Il ne faudrait pas deux incidents comme celui-là pour enlever à la Comédie-Française la sympathie du public anglais. Les personnes qui, par caprice ou par pose, ou, si l'on veut, par un calcul erroné de l'énergie dont elles disposent, jettent le théâtre et leurs camarades dans de tels embarras, ces personnes-là sont très coupables, et elles peuvent être sûres qu'un jour viendra où elles expieront ces procédés. Les enfants gâtés amusent jusqu'au moment où quelque ami de la maison demande l'heure où on les couche.

La presse française hurla presque tout entière. M. Albert Wolff se montra particulièrement agressif dans le *Figaro*. Il reprit tous les griefs qui traînaient contre l'artiste, lui reprocha de s'être habillée en homme, d'avoir organisé à Londres des expositions de ses œuvres de sculpture et de peinture, etc. ! et s'attira, de Sarah, la réponse télégraphique que voici :

Londres, 28 juin.

Monsieur Albert Wolff, au Figaro.

Et vous aussi, mon cher Monsieur Wolff, vous croyez de semblables insanités? Qui donc a pu vous renseigner ainsi? Oui, vous êtes mon ami; car, malgré toutes les infamies qu'on a dû vous dire, il vous reste encore un peu de bienveillance. Eh bien ? je vous donne ma parole d'honneur que je ne me suis jamais vêtue en homme, ici, à Londres; je n'ai même pas emporté mon costume.

Je donne le démenti le plus formel à cette imposture. Je n'ai été qu'une seule fois à la petite exposition que j'ai faite; une seule fois, et c'était le jour où je n'avais fait que quelques invitations privées; personne n'a donc payé un shelling pour me voir.

Je joue dans le monde : c'est vrai. Mais vous n'ignorez pas que je suis une des sociétaires les moins payées de la Comédie. J'ai donc bien le droit de combler un peu la différence. J'expose seize tableaux et huit sculptures; c'est encore vrai ; mais puisque je les ai apportés pour les vendre, il faut cependant bien que je les montre. Quant au respect dû à la maison de Molière, cher Monsieur Wolff, je prétends le garder plus que qui que ce soit, car je suis, moi, incapable d'inventer pareilles calomnies pour tuer un de ses porte-drapeau.

Maintenant, si les sottises qu'on débite sur moi lassent les Parisiens et qu'ils soient décidés, ainsi que vous me le faites craindre, à me faire

Dessin de Caran d'Ache.
Sarah Bernhardt et F. Sarcey.

48 SARAH BERNHARDT

mauvais accueil, je ne veux exposer personne à commettre une lâcheté, et je donne ma démission à la Comédie.

Si les habitants de Londres, irrités justement par les bruits qu'on fait courir sur moi, sont lassés et sont décidés à retourner leur bienveillance en haine, je prie la Comédie de me laisser quitter l'Angleterre pour lui épargner le chagrin de voir une sociétaire sifflée et huée.

Je vous envoie cette lettre par dépêche ; le cas que je fais de l'opinion publique me donne le droit de faire cette folie.

Je vous prie, cher Monsieur Wolff, d'accorder à ma lettre le même honneur que vous avez fait aux calomnies de mes ennemis.

Je vous serre amicalement la main.

SARAH BERNHARDT.

Mᵐᵉ Sarah Bernhardt sculpteur.

Phot. Mélandri.

Elle alla remettre à Got, le doyen de la Comédie-Française, sa démission officielle. Ses camarades qui appréciaient à sa juste valeur l'appoint qu'elle représentait dans les succès de la Maison, insistèrent pour la lui faire reprendre : ils la nommèrent sociétaire à part entière, lui donnèrent deux mois de congé par an, et firent patte de velours.

Émile Zola prit alors sa robuste plume de polémiste et secoua un peu fortement l'hypocrite argumentation de M. Albert Wolff :

On lui reproche surtout de ne pas s'en être tenue à l'art dramatique, d'avoir abordé la sculpture, la peinture, que sais-je encore !

Cela est plaisant !

Voilà que, non content de la trouver maigre et de la déclarer folle, on voudrait réglementer l'emploi de ses journées.

Mais dans les prisons on est beaucoup plus libre !

A la vérité on ne lui nie pas le droit de peindre ni de sculpter, on déclare simplement qu'elle ne devrait pas exposer ses œuvres. Ici, le réquisitoire atteint le comble du burlesque.

Qu'on fasse une loi tout de suite pour empêcher le cumul des talents.

Remarquez qu'on a trouvé la sculpture de Mᵐᵉ Sarah Bernhardt si personnelle qu'on l'a accusée de signer des œuvres dont elle n'était pas l'auteur.

Phot. Melandri.

Mᵐᵉ Sarah Bernhardt peintre.

6

M. Sarcey esquisse une oraison funèbre :

Mlle Sarah Bernhardt a donné sa démission à la Comédie-Française, elle part.

La Comédie y perdra une actrice charmante, et il lui faudra renoncer momentanément à quelques pièces, guère jouables sans elle.

Mais le nombre de ces pièces est petit, car c'était une lyre divine, mais qui n'avait que deux ou trois cordes.

Il faudra s'en passer. Je le regrette.

Il n'y a pas d'homme indispensable, a-t-on dit.

Les comédiens s'en vont l'un après l'autre, et leurs places sont vite occupées, si peu remplaçables qu'ils paraissent.

Aucune actrice, si grande soit elle, n'emportera la Maison de Molière à la semelle de ses bottines.

Nous verrons ce que deviendra ce prestigieux talent quand il s'en ira, à la suite d'un Barnum, faire des exercices devant des foules grossières, ignorantes de notre langue !

Mais, j'ai tort de me désoler, l'affaire peut encore s'arranger. *Chi lo sa !* »

Et, en effet, l'affaire s'arrangea... provisoirement.

Le 2 août, le Théâtre-Français rouvrait ses portes par les *Femmes Savantes* et le *Malade Imaginaire*.

Charge d'André Gill.

A minuit, la toile s'est levée sur la fameuse cérémonie. Tous les artistes de la Comédie sont venus deux par deux, selon la tradition antique et solennelle saluer le public et se ranger sur les estrades.

Les applaudissements ont éclaté de toutes parts plus longs, plus bruyants et plus chauds quand Mme Sarah Bernhardt s'est lentement avancée à la rampe. Voilà la réconciliation signée entre la charmante artiste et le public parisien.

« Nous en sommes tous ravis, disait M. Sarcey, et nous comptons bien que cette algarade aura servi de leçon à tout le monde. »

Tout est bien qui finit bien.

Malheureusement tout n'était pas fini.

L'année 1880 est une date mémorable dans la vie de Mme Sarah Bernhardt. Elle vit le grand événement, le départ de la Comédie-Française.

Le 17 avril 1880, la Comédie-Française reprenait l'*Aventurière*, d'Émile Augier, et Mme Sarah Bernhardt y jouait le rôle périlleux de Clorinde. Elle y eut un succès discuté. La presse rendit hommage à ses habituelles qualités de force et de charme, mais en même temps enveloppa son éloge dans des réserves formelles. M. Sarcey écrivait dans le *Temps* :

> Son costume ne m'a point paru heureux. Mlle Sarah Bernhardt nous est arrivée avec une sorte de coiffure qui ressemblait comme deux gouttes d'eau, à un bonnet de nuit.
>
> Ce qui m'inquiète davantage, c'est la façon dont elle a pris le rôle. Il serait difficile de savoir au juste ce qu'elle a voulu faire du personnage. Elle n'a pas donné de physionomie à cette Clorinde.

Dans le *Moniteur Universel*, Paul de Saint-Victor, plus rude, plus passionné, s'acharnait, durant plusieurs colonnes, sur l'artiste, coupable d'être trop aimée du public.

Croquis original de Mme Sarah Bernhardt.

Mais ce qui acheva de la mettre en révolte et détermina la crise, ce fut le jugement d'un écrivain, pourtant de mœurs paisibles et d'habitudes courtoises, Auguste Vitu, qui, dans le *Figaro*, écrivit ceci :

> La nouvelle Clorinde a eu, pendant les deux derniers actes, des emportements excessifs de toute manière, d'abord parce qu'ils forçaient sa voix qui n'a de charme que dans le médium, ensuite parce qu'ils l'amenaient à des mouvements de corps et de bras qu'il serait fâcheux d'emprunter à la grande Virginie de l'*Assommoir* pour les introduire à la Comédie-Française.

Cette fois, c'était trop. Mme Sarah Bernhardt dépêcha à M. Perrin la lettre suivante, le 10 avril :

> Monsieur l'Administrateur,
>
> Vous m'avez forcée à jouer alors que je n'étais pas prête. Vous ne m'avez accordé que huit répétitions *sur la scène* et la pièce n'a été répétée que trois fois dans son ensemble.
>
> Je ne pouvais me décider à paraître devant le public ; vous l'avez absolument exigé. Ce que je prévoyais est arrivé.

Le résultat de la représentation a dépassé mes prévisions. Un critique a prétendu que j'avais joué Virginie de l'*Assommoir* au lieu de Doña Clorinde de l'*Aventurière*.

Que Zola et Émile Augier m'absolvent :

C'est mon premier échec à la Comédie-Française, ce sera le dernier.

Je vous avais prévenu le jour de la répétition générale ; vous avez passé outre. Je tiens parole. Quand vous recevrez cette lettre, j'aurai quitté Paris.

Veuillez, Monsieur l'administrateur, recevoir ma démission immédiate, et agréer l'assurance de mes sentiments distingués.

SARAH BERNHARDT.

18 avril 1880.

En même temps, Mme Sarah Bernhardt prenait le train du Havre et se terrait à Sainte-Adresse. Alors ce fut un beau tapage. La presse entière, la Comédie-Française, l'auteur, le public accablèrent la transfuge d'anathèmes retentissants ou d'ironies sanglantes. L'assemblée des sociétaires du théâtre, réunie en hâte, décidait de la poursuivre en justice et de réclamer des tribunaux :

1° La déchéance de Mlle Sarah Bernhardt comme sociétaire de la Comédie-Française.

2° La saisie de quarante et quelque mille francs formant le fonds de réserve laissé au théâtre par l'artiste fugitive.

3° Enfin trois cent mille francs de dommages-intérêts.

Les journaux se déchaînaient contre elle à l'unisson. Paul de Saint-Victor lâchait toutes les écluses de sa polémique. M. Sarcey se mettait aux frais de divinations. Voici l'oracle qu'il porta :

« Qu'elle ne s'y trompe point !

Ses succès ne seront point de durée !

Elle n'est point de celles dont les fortes épaules peuvent porter toute une pièce et qui n'ont pas besoin d'être entourées pour frapper les yeux de la foule. »

Dans une lettre rendue publique M. Émile Augier, fort en peine d'être abandonné par sa principale interprète au lendemain d'une reprise dont il avait escompté le succès, et s'efforçant à l'ironie contre sa touchante mésaventure, écrivait à M. Perrin :

Elle était aussi prête qu'elle peut l'être ; et je maintiens encore qu'elle a joué aussi bien qu'à son ordinaire, avec les mêmes défauts et les mêmes qualités, où l'art n'a rien à voir ; et j'ajoute avec les mêmes applaudissements d'un public idolâtre.

Que s'est-il donc passé dimanche ?

La presse s'est permis quelques observations, et Mlle Sarah Bernhardt ne les aime pas. — A qui la faute ! A MM. les critiques qui l'ont jusqu'ici traitée en enfant gâtée. — Ces Athéniens ingrats commencent-ils à se lasser de son succès et à ne plus le trouver juste ?

Presque seul dans toute la presse M. Émile Zola, déjà dévoué aux besognes de générosité et de courage, osait, contre la clameur universelle, sinon tenter une plaidoirie, du moins établir les torts de chacun et faire entendre la voix de sagesse dans ce débordement de passion ; et, s'adressant à Sarah, il lui disait: « C'est quelquefois un honneur d'être attaqué. »

Pendant que M. Zola, et aussi Émile de Girardin conseillaient une réconciliation, Mᵐᵉ Sarah Bernhardt, du fond de sa retraite de Sainte-Adresse proclamait en paroles enthousiastes la joie de ce qu'elle appelait sa délivrance.

« Savez-vous combien je gagnais ? disait-elle à un rédacteur du *Gaulois*: trente mille francs, tout juste.

« C'est raisonnable pour des gens qui veulent jouer à vingt ans et jouer à quarante, et jouer encore à cinquante et à soixante.

« Dans vingt ans, est-ce que je serai de ce monde? J'ai toujours devant moi, voyez-vous, le spectre de la jeune femme qui vieillit devant la rampe, et je ne veux pas vieillir là. »

Phot. Downey.

Rôle d'*Adrienne Lecouvreur*.

Elle voulait si peu y vieillir qu'elle prenait incontinent une résolution héroïque; elle quitterait le théâtre!... Elle y avait trop souffert, elle ne voulait pas y mourir... — Et voici les résolutions congrûment délibérées qu'elle signifiait au rédacteur du *Gaulois*:

— C'est fini. J'ai appris à sculpter et à peindre, je vends pour 30,000 francs par an. Je ferai de la peinture et de la sculpture. Le pinceau et l'ébauchoir, ça me fera une seconde vie, beaucoup plus tranquille et plus fructueuse que la première.

Et, devant la stupeur de son hôte, elle ajoutait gravement,« avec un sourire triste qui ne permettait guère de douter » :

— C'est la résolution complémentaire que j'ai prise, en quittant la Comédie-Française.

Mais, peu à peu, les colères s'adoucirent, le bruit tomba, l'oubli se fit. A peine de temps en temps, si quelque nouvelle artiste reprenait un des rôles de la comédienne, s'empressait-on de se rappeler à son souvenir par des tendresses du genre de celle-ci :

M. Émile Augier a déclaré hier soir à Mlle Croizette, qui reprenait le rôle de Sarah Bernhardt dans l'*Aventurière*, que c'était la première fois qu'il voyait une artiste comprendre intelligemment le personnage de *Clorinde*. (*Figaro*.)

Ou celle-ci, de M. Sarcey :

Mlle Bartet reprenait l'autre soir le rôle de la Reine dans *Ruy Blas*, primitivement échu à Mlle Sarah Bernhardt. Son succès a été considérable.

Somme toute, il était difficile de dire plus spirituellement à la fugitive :

— Vous voyez bien qu'après tout vous n'êtes pas indispensable !

Voici encore un échantillon des doux propos que les journaux se plaisaient à propager avec une aigre joie. On se racontait que Sarah, ayant dit : « Je ne pardonnerai jamais à Victor Hugo d'avoir consenti à ce que Mlle Bartet reprît le rôle de la reine dans *Ruy Blas*, Victor Hugo, à qui on le rapportait, aurait répondu :

— Elle a raison, parce que Mlle Bartet a joué le rôle de façon à mériter qu'on le lui laisse et à y attacher son nom à l'avenir.

Un mois tout juste après sa tapageuse démission, Sarah Bernhardt, fidèle à la résolution qu'elle avait confiée au rédacteur du *Gaulois*,... allait donner à Londres une série de représentations, en compagnie de Mlles Lalb et Jeanne Bernhardt, de MM. Dieudonné et Berton. Son succès y fut considérable, notamment dans *Adrienne Lecouvreur*, dans *Froufrou* et dans *Rome vaincue*. Hélas ! tandis qu'elle y goûtait la joie des apothéoses, Paris, qu'elle

avait fui, ne l'oubliait pas. Le 18 juin, l'audience de la 1ʳᵉ Chambre retentissait, trois heures durant, de son nom, et, en dépit du talent de son conseil, Mᵉ Barboux, le tribunal la con-
damnait à 100.000 francs de dommages-intérêts au profit de la Comédie-Française et la décla-
rait, par surcroît, déchue de tous droits sur son « fonds de pension », soit 44.000 francs environ.

Donc la fugue coûtait cher. Il fallait payer... et dès lors commence à travers le monde ce périple échevelé qui va porter le renom de Sarah par-delà toutes les mers. En août, la voici en Suède et en Norvège. A Copenhague, se place un des cent et un incidents qui, parmi tant de vertus diverses, ont donné à Sarah Bernhardt figure d'intrai-
table patriote.

Pendant une fête offerte à Sarah Bernhardt, le baron Ma-

Phot. Downey.

Rôle d'*Adrienne Lecouvreur*.

gnus, ministre plénipotentiaire d'Allemagne, porte un toast à la « ... belle France... ». Sarah Bernhardt réplique :

— Pardon, baron, à la France tout entière, n'est-ce pas ?

Le ministre, gêné, quitta immédiatement la salle du banquet et on pensa qu'il avait vu sans doute dans cette riposte une allusion à l'Alsace-Lorraine.

Elle rentre à Paris, mais pour repartir aussitôt. Le 10 septembre, elle est à Nantes; plus tard, à Bordeaux, à Toulouse, à Lyon, à Genève. Partout, c'est du délire; on vend dans les rues des médailles à son effigie, des bracelets, des colliers Sarah Bernhardt, des photographies, des biographies. A Lyon, le fils du Khédive fait offrir 2.000 francs d'une avant-scène, et ne l'obtient

pas. Mais le vieux monde ne suffit plus à son activité, et, réalisant enfin un
désir déjà ancien, le 16 octobre 1880, elle s'embarque au Havre pour l'Amérique, sous la direction de M. Abbey.

Phot Sarony
Mme Sarah Bernhardt en costume de voyage.
(1re tournée en Amérique).

Elle s'y embarque, elle, sa compagnie,
ses domestiques et vingt-huit malles
— contenant des robes innombrables,
et notamment une certaine toilette
dans laquelle elle devait jouer la
Dame aux Camélias, qui avait coûté
12.000 francs; cinquante ouvrières,
disaient les chroniques, avaient tra-
vaillé tout un mois à broder les camélias du manteau de cour.

L'impresario Abbey lui promettait
la fortune. Qu'on en juge: 2.500 francs
fixe par représentation, d'une part, et,
d'autre part, la moitié de la recette
au-dessus de 12.000 francs.

Sarah parcourt toute l'Amérique:
à partir du 10 novembre, date de son
début à New-York, elle va sans trêve
ni répit. On la voit à Boston, à Hart-
ford, à Montréal, à Baltimore, à Philadelphie, à Chicago, à Saint-Louis,
à Cincinnati, etc... Elle joue *Adrienne*
Lecouvreur, *Froufrou*, *Hernani*,
Phèdre, le *Passant*, la *Dame aux*
Camélias. Elle apprivoise un alligator,
qui meurt bientôt du traitement au
champagne qu'elle lui inflige. Enfin,

le 16 mai 1881. elle débarque triomphalement au Havre, attendue par
une cohorte d'amis venus de Paris, acclamée par une foule que le *Figaro*
évaluait, un peu imprudemment peut-être, à 50.000 personnes, et ayant
gagné en 166 représentations 920.000 francs sur lesquels elle distribua:

100.000 francs à son agent Jarrett et 400.000 francs à ses hommes d'affaires de Paris. Elle eut en outre environ 200.000 francs de frais de voyage; elle rapportait donc, au total en une bonne traite sur le Crédit Lyonnais, 220.000 francs.

Elle en rapportait autre chose encore : le souvenir d'ovations inouïes,

Mᵐᵉ Sarah Bernhardt et ses amis à Sainte-Adresse.

Phot. Tourtin.

de triomphes sans précédents, d'aventures où elle avait pris soin de ne jamais compromettre sa dignité, témoin cette anecdote :

Un jour qu'elle entrait dans un temple où elle entendit un pasteur protestant tonner contre elle, l'appelant « suppôt de l'enfer, démon femelle vomi à plusieurs milliers de lieues par l'impure Babylone pour venir corrompre le Nouveau-Monde ».

La journée n'était pas finie que le clergyman recevait ce billet :

Mon cher camarade,
Pourquoi tomber ainsi sur moi ?
Entre cabotins on devrait s'entendre.

SARAH BERNHARDT.

7

A son retour en France, elle faisait à ses compatriotes une surprise de grand seigneur. Sollicitée par les Sauveteurs du Havre, de donner en rentrant une représentation à leur bénéfice, elle jouait deux jours après avoir débarqué, la *Dame aux Camélias* ; la *Dame aux Camélias*, depuis un an applaudie à l'étranger sous le nom de *Camille*, mais dans laquelle Sarah n'avait pas encore paru en France. Le 18 mai 1881, lorsque Marguerite Gauthier parut devant le public havrais et les nombreux Parisiens, Halanzier, Lapommeraye, Clairin, Busnach, Abbéma et tant d'autres venus pour l'applaudir, ce fut une immense acclamation qui, dès le début, consacra le triomphe de la comédienne dans ce rôle dont Dumas avait dit : « Il n'est pas fait pour elle. »

Vous croyez qu'elle va se reposer ? Point. Au mois de juin, elle est à Londres, et déjà elle prépare pour le mois d'octobre une grande tournée en Europe.

Mais auparavant, elle parcourt de nouveau la France sous la direction de M. Félix Duquesnel, à des conditions fastueuses : 70.000 francs pour trente-cinq représentations de *Hernani* et de la *Dame aux Camélias*, à donner du 27 août au 4 octobre, avec Paul Mounet dans Hernani et Angelo, dans Armand Duval.

M. Duquesnel est le même qui, jadis, à l'Odéon, donnait de sa poche cent cinquante francs par mois à la petite Bernhardt : il rétablissait l'équilibre... et il était encore l'obligé ! Et, la tournée finie, Sarah repart sans prendre haleine. C'est la grande tournée d'Europe qui commence, la tournée de six mois qu'elle entreprend sous la direction de M. Jarrett, qui déjà l'avait accompagnée en Amérique. Elle ira en Russie, en Espagne, en Autriche, en Hollande, en Belgique, en Italie, en Danemark, en Suède, en Norvège. C'est l'Europe entière... sauf l'Allemagne, par une stipulation spéciale du traité. Elle commence par la Monnaie de Bruxelles, où le roi des Belges revient en toute hâte de son domaine des Ardennes pour l'entendre. A Vienne elle organise par surcroît une exposition artistique de ses propres œuvres. Elle arrive en Russie : le 10 décembre, elle est à Moscou. Les journaux publient la dépêche suivante, dont les derniers mots sont significatifs de l'émotion qu'elle suscite :

Moscou. — 10 décembre 1881. Sarah Bernhardt est atteinte d'un enrouement complet. Elle ne joue pas ce soir. Consternation générale.

Pourtant son succès n'est pas sans mélange. On la sait d'origine juive, et les fanatiques russes ne permettent pas qu'elle l'oublie : à Odessa on lui jette des pierres, à Kiew on l'injurie. Mais qu'est-ce cela ? Une misère. A Pétersbourg, l'émotion de la ville est excitée comme devant un fait de la vie nationale. Le Théâtre-Français, impuissant à soutenir la concurrence ferme ses portes. Voulez-vous savoir ce que coûtent les places, pour l'abonnement de douze représentations ? Le voici :

Baignoire	120	roubles	soit	324 francs.
Loge 1er rang	150	—	—	405 —
— No 14	180	—	—	486 —
— bel étage	150	—	—	405 —
Fauteuils 1er rang	72	—	—	194 —
— 2e et 3e rangs	60	—	—	162 —

Là, son succès devient prodigieux. On ne se contente pas de faire pleuvoir des fleurs sur la scène ; les dames enjambent la cloison qui les sépare du parterre afin de se rapprocher de l'artiste, et si on ne lui offre pas de riches cadeaux, c'est qu'elle a annoncé qu'elle n'accepterait que des fleurs.

Elle s'arrache cependant à cette terre d'enthousiasmes où elle a fait applaudir tour à tour la *Princesse Georges, Rome Vaincue, Hernani, Jean-Marie*, la *Dame aux Camélias*. Elle va à Varsovie, à Gênes, où elle est prise par un de ces accidents qui, depuis quelque temps, se reproduisaient trop souvent, au milieu du second acte de la *Dame aux Camélias*, elle tombe tout à coup dans un fauteuil en crachant des flots de sang ; la représentation est interrompue, mais le lendemain l'infatigable femme est debout et se remet en route. Elle joue à Bâle et à Lausanne ; elle vient donner, à partir du 16 février, six représentations à Lyon, où elle interprète notamment les *Faux Ménages*, de Pailleron. Puis elle retourne en Italie, à Turin, à Milan, où elle a six mille francs par soirée, partout enfin, — et partout les acclamations l'accueillent frénétiquement.

Elle quitte l'Italie, passe par la France et...

Et voici l'étrange, l'invraisemblable, l'extraordinaire, l'inouïe nouvelle que les journaux de Paris publiaient, à la date du 5 avril :

LONDRES. — Ce matin, mardi, 4 avril à huit heures, — précisons — Sarah Bernhardt a épousé à Londres, au Consulat de Grèce, son camarade *Daria*, qui avait remplacé dernièrement Angelo dans la troupe de l'infatigable tragédienne.

Certes, la nouvelle peut paraître invraisemblable, Sarah étant encore à Naples, vendredi dernier 31 mars, et puisqu'elle a joué, ce soir-là !

Partie le 1er avril au matin, soi-disant pour Nice — elle filait dans la direction de Paris d'abord, de Boulogne ensuite, finalement de Folkestone, en compagnie de M. Damala. Et ce matin à 8 heures le mariage a eu lieu à Londres.

Le mariage était, en effet, la seule excentricité qui manquât à la collection de Sarah : la bonne volonté de M. Damala, ancien attaché d'ambassade hellénique et comédien par vocation, la combla.

Les deux époux, pour le premier quartier de leur lune de miel, s'embarquaient le 5 avril à Marseille pour l'Espagne sur un paquebot spécial, et la tournée continuait.

Ils rentrent le 5 mai à Marseille, jouent à Grenoble, à Genève, à Rouen, puis à Bruxelles ; le 26, pour le bénéfice de la veuve Chéret, Sarah Bernhardt et son mari jouent à Paris pour la première fois la *Dame aux Camélias* dans une apothéose triomphale: Soirée inoubliable, qui rapporta 59.051 francs !

Phot. Aaron.

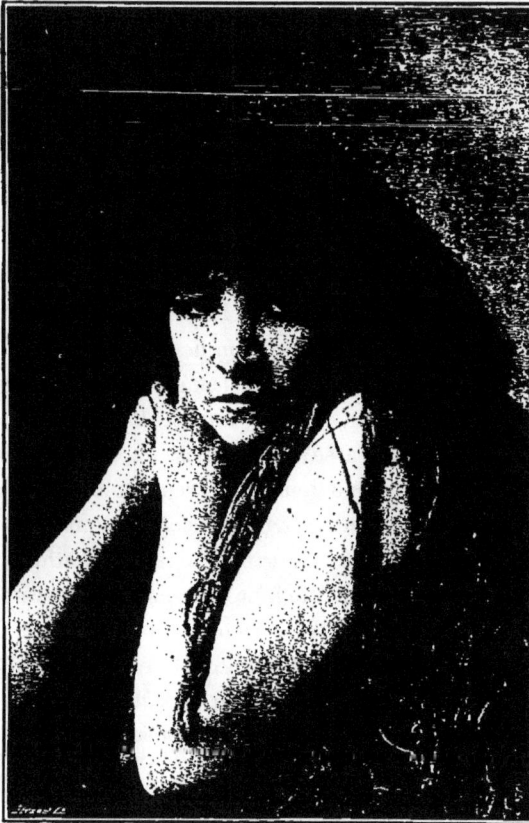

Rôle de Léa dans *Léa*.

Et la vie errante reprend ! Londres, Brighton, l'Écosse, Blackpool, Manchester voient successivement l'artiste fabuleuse. Entre temps, les journaux annoncent qu'elle a conclu pour 1883 une tournée de quatre mois en Amérique : elle et son mari recevront un million pour cinquante représentations. Et enfin la nouvelle surgit que Sarah, après tant de pérégrinations, va enfin revenir jouer à Paris : et c'est une nouvelle œuvre de M. Sardou qu'elle y doit interpréter, c'est *Fédora*, au Vaudeville, sous la direction de Raymond Deslandes, qui lui assurait mille francs par soirée durant cent représentations stipulées. La première en a lieu le 12 décembre 1882, avec un succès considérable.

Mais tandis que les représentations s'en poursuivaient, un événement public divulguait le secret des embarras d'argent où l'artiste ne cessait de se débattre depuis longtemps. Elle menait la vie large et ne s'inquiétait pas assez de balancer le chiffre des recettes et celui des dépenses. Elle avait la folie de l'aventure, fût-ce la plus folle, témoin cette idée qu'elle avait eue d'acheter le théâtre de l'Ambigu, sous le nom de son fils Maurice, alors âgé de dix-sept ans. L'aventure lui coûta cher, et au mois de février 1883, de vastes affiches, apposées sur les murs de Paris, annonçaient pour le 8, le 9 et le 10, la vente publique à l'Hôtel des Ventes, sous la direction du commissaire-priseur Mᵉ Escribe, des diamants et des bijoux de Mᵐᵉ Sarah Bernhardt-Damala. Ce fut un grand bruit dans Paris. La vente bénéficia du reste de cette incroyable publicité, car les trois jours

Phot. Chalot.

M. Damala

de vacations ne produisirent pas moins de 178,209 francs. Des actrices, comme Mᵐᵉ Marie Magnier, Marthe Devoyo, Julia de Cléry, des demi-mondaines comme Alice Howard, Caroline Hassé, Romani, Julia Planteau, puis Mᵐᵉ Ibry, MM. Vestri, Privat, Gondolski, etc... se partagèrent les merveilles de l'écrin de Sarah. On aura une idée de l'importance de la vente par les quelques prix que voici :

> Très beau collier formé d'un tour de cou à ressort tout
>   pavé de roses et enrichi de brillants . . . . Fr. 24.000
> Bracelet de neuf rangs composé de cinq cent
>   soixante-treize perles 8.025
> Un autre bracelet 7.550
> Broche de corsage 3.750

Cependant les représentations de *Fédora* se continuaient. Quand elles s'arrêtèrent enfin, Sarah Bernhardt ne quitta le Vaudeville que pour courir les grands chemins ; mais *Fédora* n'eut en Belgique et en Hollande qu'une carrière médiocre.

Cette femme intrépide consentit alors à se reposer quelque temps. Elle se reposa, mais sans cesser pour cela d'occuper la chronique parisienne. Le 28 avril 1883, elle jouait au Trocadéro, avec Mme Réjane, MM. Saint Germain, Daubray, Guyon, une pantomime en deux actes, de M. Richepin, *Pierrot assassin*. Au commencement de septembre, les journaux publiaient une note énigmatique qui apprenait à la fois à Paris le retour de M. Damala et la séparation amiable des deux époux. Le retour ?.... M. Damala était donc absent ? — La séparation ?.... Le ménage était donc désuni ? — La note n'était énigmatique que pour le public : les renseignés l'attendaient. Ils savaient que la lune de miel avait été courte, que peu de mois après le mariage tapageur de Londres, la désunion s'y était introduite, que M. Damala avait dû prendre le parti de s'expatrier — en Tunisie disait-on. Du reste, cette séparation ne semble pas avoir troublé Sarah outre mesure, car dès la reprise de la saison, elle était de nouveau sur la brèche. Le 17 septembre 1883, elle reprenait avec Marais *Froufou*, qu'elle n'avait jamais joué à Paris. C'était à la Porte-St-Martin, qu'elle venait d'acheter, sous le couvert de M. Maurice Bernhardt, son fils, associé avec M. Derembourg. Le succès fut grand aussi, mais n'alla pas sans quelques réserves de détail. La pièce eut néanmoins quatre-vingt-neuf représentations. Immédiatement après, elle joue *Nana Sahib*, 20 décembre, drame en 7 tableaux en vers, de M. Jean Richepin, succès d'artiste encore très grand, quoique toujours discuté ; succès de pièce nul, malgré l'appoint de curiosité de l'interprétation de M. Richepin, qui avait repris, au bout de huit jours, le rôle de Marais. *Nana Sahib* évoque un autre souvenir. La veille même de sa première, Sarah Bernhardt avait été l'acteur principal d'un effrayant scandale. Accompagnée de son fils Maurice et de M. Jean Richepin, elle avait pénétré dans l'appartement de Mme Marie Colombier, et renversant les meubles, cassant les objets d'art, lacérant les robes, elle avait enfin atteint la maîtresse du logis et l'avait cravachée dans une rage de folie. Pourquoi ? On ne l'a pas oublié. Mme Marie Colombier venait de publier un livre abominable et monstrueux, *Sarah Barnum*, dont le titre disait assez qui elle avait prétendu y viser. L'affaire fit un bruit énorme, mais personne ne se leva pour blâmer l'artiste qui s'était fait justice.

Nana Sahib n'eut, d'ailleurs qu'une trentaine de représentations, et le 26 janvier 1884, Sarah Bernhardt jouait la *Dame aux Camélias*, qui inaugurait à Paris sa fonction non abolie de pièce terreneuve. Cette reprise eut plus de cent représentations. Le 21 mai, elle cédait la place à une traduction de *Macbeth*, de M. Jean Richepin, qui ne fut jouée que pendant un mois. A la fin de juin, Mme Sarah Bernhardt partait pour une courte tournée à l'étranger; mais, dès la saison suivante à la suite

Rôle de *Théodora*.

d'incidents nombreux qui défrayèrent la chronique, et d'une tentative d'empoisonnement que Paris ne prit pas au tragique, elle cédait la Porte St-Martin à M. Duquesnel, et y rentrant comme pensionnaire, elle y reprenait le 11 septembre, *Macbeth*, de nouveau arrêté cinq semaines après. Enfin, le 26 décembre, elle jouait *Théodora*, qui fut un des plus incontestés succès de sa carrière. Des chiffres en diront plus que tout le reste : *Théodora* (26 décembre 1884), fut jouée deux cents fois de suite, et, à la centième représentation, elle avait réalisé près d'un million de recettes.

Le succès épuisé à Paris, *Théodora* passa la frontière : à Bruxelles, à Londres, elle retrouvait le même succès. Elle rouvrait la Porte-Saint-Martin, le 28 octobre 1885, et fournissait quarante-quatre représentations nouvelles, interrompues par la fatigue de la principale interprète qui, le 21 décembre, était incapable d'achever la pièce. Le lendemain, elle s'alitait, mais peu de jours après, le 31 décembre, toujours vaillante, elle se retrouvait debout et jouait *Marion de Lorme*, mal remise encore d'un surmenage que toute la presse constata.

Le 27 février, voici revenir Shakespeare, dont elle joue *Hamlet*, rôle d'Ophélie, dans la médiocre traduction de MM. Cressonnois et Samson. Cependant *Hamlet* ne put tenir l'affiche non plus que ne l'avait fait *Marion de Lorme*, et, le 5 avril, Sarah reprenait pour seize représentations *Fédora*, puis partait pour Londres, selon sa coutume annuelle, ensuite pour Liverpool, où elle s'embarquait dans les premiers jours de mai pour Rio-de-Janeiro.

Et c'est la grande tournée d'Amérique qui commence sous la direction de MM. Abbey et Grau. Voyage inouï, prodigieux, fantastique, chimérique, où l'on vit des peuples entiers se jeter aux pieds de l'artiste, où toute l'Amérique se souleva sur son passage dans une acclamation triomphale ! Il dura treize mois, se poursuivit parmi les apothéoses à travers le Mexique, le Brésil, le Chili, puis les États-Unis déjà parcourus et le Canada. Sarah Bernhardt leur apportait un répertoire nombreux : *Fédora*, la *Dame aux Camélias*, *Froufrou*, *Phèdre*, *Adrienne Lecouvreur*, *Théodora*, *Hernani*, le *Maître de Forges*, le *Sphinx*, avec M. Philippe Garnier pour principal partenaire. Au Brésil, la moyenne des recettes est de 18.000 francs. « Des hommes d'une richesse ridicule, dit M. Jules Lemaître, des hommes à favoris noirs, couverts de pierreries comme des idoles, attendent Sarah Bernhardt à la sortie du théâtre et étalent leurs mouchoirs par terre de peur que la poussière ne souille les pieds de Phèdre ou de Théodora . » A Rio-de-Janeiro, à la suite de *Phèdre*, on la rap-

UNE SCÈNE DE *THÉODORA*

pelle deux cents fois! Les vingt-cinq représentations qu'elle y donne pro-

duisent un total de 320.000 francs, sur lesquels elle en touche 100.000. A New-York, trois représentations : 126.000 francs. A Buenos-Ayres, vingt représentations, 80.000 spectateurs, 500.000 francs. L'enthousiasme des Argentins est tel, qu'ils découpent dans l'admirable territoire des Missions — le plus beau de la République Argentine, un domaine de 6.000 hectares, qu'ils offrent à la tragédienne. Et Sarah promet à ses donateurs de profiter de son premier mois de loisir pour aller se reposer au milieu des gazelles devenues les siennes, à l'ombre des gardénias et des diamelas qui sont maintenant sa propriété!

Phot Nadar.

Rôle de lady Macbeth dans *Macbeth.*

Mais pendant ce temps les incidents et les potins — cortège obligatoire de la capricieuse artiste — se multiplient. A Rio, c'est le scandale Noirmont. Mme Noirmont.

artiste par occasion, plus connue dans le monde galant sous le nom de
la « Grande Marthe », faisait partie de la compagnie ! Que se passa-t-il
entre l'artiste et la directrice ?... Un jour, pendant une répétition,
Mme Noirmont se jette sur Sarah et lui envoie une gifle retentissante, ponctuée
de mots énergiques. Et Sarah traînant Mme Noirmont court chez le com-
missaire, qui dresse procès-verbal. La revanche ne se fit pas attendre. Un
soir, à peine le rideau était-il baissé sur le deuxième acte d'*Adrienne Lecouvreur*,
que Sarah la cravache d'importance.

D'où nouveau scandale et nouvelle plainte à l'autorité.

Un peu plus tard, à Santiago, autre potin. En avril 1887, les journaux
américains annoncent le mariage de Mme Sarah Bernhardt avec M. Angelo,
qui fait partie de la troupe.

Le *Morning Journal* de New-York ajoute que le mariage est tenu secret,
parce que toutes les formalités pour le divorce avec M. Damala n'ont pas été
remplies.

Le démenti ne tarde pas, et Sarah câble au *Figaro* le télégramme suivant :

« La nouvelle de mon mariage avec Angelo est absurde puisqu'il est marié et moi aussi.
Veuillez donc, je vous prie, démentir cette nouvelle malfaisante.

Remerciements.

SARAH BERNHARDT

Enfin, après treize mois d'absence, Sarah revient en Europe. La recette
totale du voyage d'Amérique avait été de un million de dollars; personnelle-
ment, elle en rapportait 1.500.000 francs. Elle débarque en Angleterre le
6 mai. Pour se reposer ? Non pas. Car de nouveau la voilà partie, sous la
direction de l'impresario Mayer, en Angleterre, en Écosse et en Irlande. Le
10 août elle part pour Cauterets et songe désormais à sa rentrée à Paris.

Ce fut une rentrée merveilleuse, et Paris, le soir de ce 24 novembre 1887,
acclama longuement l'admirable Tosca que fut Sarah. Seul, M. Sarcey expri-
mait, en termes assez vifs, des réserves non sur le talent de l'artiste, mais sur
l'emploi qu'elle en faisait, et sur le mérite même de l'œuvre. Mais M. Sardou
lui répondit sous forme de lettre adressée à un tiers. Voici cette lettre qui est
en même temps une réplique virulente à ceux qui discutaient son œuvre :

Monsieur,

Mon opinion ?... mais elle est fort simple, Sarah est une admirable artiste qui, dans la *Tosca* dépasse de beaucoup ce que les gens de ma génération ont vu faire à Georges, Dorval et Rachel.

Quant à Sarcey, qui n'entend rien ni à la peinture, ni à la musique, ni à l'architecture, ni à la sculpture, et à qui la nature a refusé brutalement tout sens artistique, il ne faut pas s'étonner qu'il soit non seulement indifférent mais encore hostile à toute reconstitution du passé par le décor, le costume et les mœurs. Il l'a bien fait voir pour la *Haine ;* mais lui en vouloir de cette infirmité de son intelligence serait injuste ! On ne peut que lui refuser de jouer dans son feuilleton le rôle du Renard à la queue coupée, qui voudrait la faire couper à tout le monde !

Cordialement,

V. SARDOU.

Cette fois, c'est M. Sardou qui eut raison, car la *Tosca* fut jouée cent vingt-neuf fois et ne s'arrêta que le 25 mars 1888.

Dix jours après, Sarah jouait à Bordeaux la *Dame aux Camélias* et la *Tosca*. De là, à Lisbonne et à Madrid ; puis l'inlassable voyageuse commençait à Caen, avec M. Émile Simon, une nouvelle tournée en France. Au mois de juillet elle jouait à Londres, au Lyceum, *Francillon* où elle n'obtenait qu'un succès incertain.

Et elle repartait encore ! La vie de cette femme inquiète n'est qu'un long voyage coupé d'arrêts à Paris. C'est encore M. Maurice Grau qui l'emmenait. Et successivement, à partir d'octobre, elle traversait Anvers, Liège, Amsterdam, La Haye, Rotterdam, Utrecht, Arnheim, Bruxelles, Vienne, Prague, Budapest, Bucharest, Constantinople, le Caire, Alexandrie. Partout elle fit triompher la *Tosca* comme à Paris. Cependant, à la Haye, les scrupules huguenots des bourgeois hollandais firent interdire la pièce, sous prétexte qu' « elle contenait des attaques contre la religion catholique qui pourraient froisser les habitants appartenant à ce culte ». A Bucharest, Sarah fut reçue par la reine Nathalie, qui, ne se montrant nulle part en public, n'avait pu assister à aucune représentation, mais pourtant avait le grand désir d'entendre l'artiste. Sarah joua donc pour elle, au Palais, une scène de la *Dame aux Camélias*.

Mais au moment où elle dit : « *La Grandeur tombée ne se relèvera donc jamais?* » la reine Nathalie qui faisait mentalement une application de la phrase à sa propre histoire, fondit en larmes. L'émotion gagna tout aussitôt les dames qui étaient présentes, y compris Sarah Bernhardt, et la scène dut être interrompue.

De là, elle passe en Italie, en Russie, en Scandinavie et rentre à Paris, le

21 mars. Trois semaines après, sans avoir pris le temps de se reposer, elle joua aux Variétés, le 15 avril 1889, *Léna*, pièce adaptée de l'anglais par M. Pierre Berton, dans laquelle elle essayait une nouvelle mort, après tant d'autres, où elle s'était illustrée. Cependant la pièce n'eut qu'un succès éphémère, et ne fournit pas à sa principale interprète l'occasion d'un succès notable. Écoutez ces mots de M. Jules Lemaître :

> Les premiers actes, Mme Sarah Bernhardt les a joués comme quelqu'un qui se moque un peu du monde, avec une diction tantôt enfantine et susurrante, tantôt gutturale et martelée.

Le 16 mai, les Variétés reprenaient pour Sarah la *Dame aux Camélias*. Un peu plus tard, au mois de juillet, la tragédienne allait, selon sa coutume, à Londres, où elle est accueillie chaque année avec enthousiasme, et, l'été passé, elle venait, le 4 septembre, reprendre à la Porte-Saint-Martin cette *Tosca* où elle avait triomphé deux ans auparavant. Un mois après, nouvelle reprise, celle de *Théodora*, qui procurait à M. Sarcey l'occasion nouvelle de se lamenter, comme il n'avait guère cessé de le faire [depuis la « fugue » de Sarah, sur le tort que lui avaient fait les tournées à l'étranger. Pendant ce temps, Mme Sarah Bernhardt, insoucieuse des critiques et cuirassée

Rôle de *Jeanne d'Arc*.

Phot. Nadar.

par l'expérience contre les jugements de la presse, se donnait tout entière
aux répétitions de *Jeanne d'Arc*. Mais au fond peut-être n'était-elle pas loin
d'être d'accord avec M. Sar-
cey; n'est-ce pas elle qui
disait un jour, à la veille
de partir en tournée :

— Vrai, je me fais l'effet
d'un article d'exportation. Le
succès à l'étranger, c'est bien
beau, mais le succès en
France, c'est plus beau encore !

C'est à la Porte-Saint-
Martin qu'elle va jouer la
Jeanne d'Arc de Jules
Barbier le 3 janvier 1890.
Son succès est unanime.
M. de Lapommeraye dit :

Toute la soirée n'a été
qu'un triomphe continu pour
Mme Sarah Bernhardt, qui a
fait vibrer tous les cœurs de
la plus noble émotion et de la
plus vive admiration.

M Henry Baüer : « Son
succès grandissant d'acte
en acte s'est terminé en
triomphe éclatant ». « Cette
femme a une puissance en
elle », s'écrie M. Jules Le-

Phot. Falk.

Mme Sarah Bernhardt en tournée.

maître. « Il est impossible de la voir sans être touché jusqu'aux larmes, dit
M. Sarcey. »

Mais où elle a surpris tout le monde, dit M. Vitu, ses admirateurs passionnés
comme ses juges prévenus, c'est dans la force extraordinaire, passionnée , irrésistible,
qu'elle a su donner aux élans patriotiques de l'héroïne.
Mais il faut une fin, même aux éloges. Je ne fais que résumer ce que toute la
salle disait hier soir, ce que tout Paris dira dans quelques jours, ce que le monde entier

dira dans quelques mois. quand Paris et le monde auront vu, revu, applaudi et réapplaudi Sarah dans la plus admirable création de toute sa carrière, où pourtant les créations admirables ne se comptent plus.

Au mois de juillet, elle s'en va à Londres. Et, le 23 octobre, elle joue à la Porte-Saint-Martin la *Cléopâtre*, de MM. Sardou et Moreau. « Oh ! la merveilleuse comédienne ! s'écrie M. de Lapommeraye. Elle paraît, on la regarde, on l'écoute et elle triomphe. »

Quel dommage, regrette M. Bauër, de n'employer ces dons prodigieux, cet art, cette puissance de vision et d'expression qu'à répéter les vers de M. J. Barbier ou la prose de ces histoires de brigands!

Quant à M. Albert Wolff, il trépigne d'enthousiasme :

Je pense depuis longtemps que cette rare comédienne n'est pas seulement une grande artiste, mais la grande artiste, la seule vraiment digne de ce nom, de notre temps, celle qui est sans rivale au monde.

Rôle de *Cléopâtre*.

Je ne sais pas ce que fut Rachel, que je n'ai jamais vue, mais dont la gloire sert encore à inquiéter Mme Sarah Bernhardt, dans ses justes triomphes, mais je ne pense pas qu'il soit possible d'avoir plus de talent que Sarah, et la soirée s'est terminée pour elle au milieu d'une ovation d'admiration.

Elle joue *Cléopâtre* jusqu'au commencement de janvier 1891. Et le 23 janvier, la voilà qui s'embarque de nouveau pour l'Amérique et l'Australie. J'étais allé la voir quelques jours avant son départ, et je retrouve dans mes papiers le récit de ma visite.

J'ai sonné plusieurs fois, ces jours-ci, à l'adorable sanctuaire du boulevard Pereire: la grande artiste souffrait du larynx, à peine pouvait-elle parler, et j'allais prendre de ses nouvelles. En at-

Vestibule du Salon-atelier, boulevard Pereire.

tendant que ses couturières, ses médecins, ses hommes d'affaires fussent partis, je me promenais à travers ce fameux hall du rez-de-chaussée qui ne ressemble à rien de ce qu'on peut voir ailleurs... Dans mes incursions de reporter parmi les logis célèbres de Paris, je me suis vite habitué au faux et froid apparat des salons officiels, à l'austère ameublement de noyer de M. Renan, à la profusion un peu criarde de chez Zola, aux richesses d'art du maître d'Auteuil, au confortable gourmé des milieux académiques ; j'ai vu, sans trop broncher, les imposants et somptueux lambris de l'hôtel d'Uzès, le faste épais de financiers archi-millionnaires, la coquetterie vaguement étriquée des intérieurs de comédiennes en vue, les falbalas et les tape-à-l'œil de nos peintres célèbres ..., mais chaque fois que je suis entré dans cet *atelier* du boulevard Pereire, j'ai été troublé, dès les premiers pas, d'une obscure impression que je ne trouve que là et dont l'agrément est infini... C'est autant physique que cérébral, sans doute ; ce doit être, en même temps, l'hypnotisme des objets et les parfums de l'air qu'on y respire, l'art idéal de l'arrangement et la diversite inattendue, inouïe des choses, le mystère des tapis sourds, les chants discrets d'oiseaux cachés dans des frondaisons rares, la griserie des chatoiements d'étoffes aussi bien que la caresse silencieuse des bêtes familières, — et, par-dessus tout, quand on l'entend et qu'elle se montre, la voix et l'être tout entier de la maîtresse de ces lieux...

Mais elle n'est pas encore là, et je recommence à regarder... Que voit-on ? Rien, d'abord : chaos délicieux de couleurs et de lumière, harmonieuse et bizarre orgie d'orientalisme et de modernité. Puis, l'œil s'apprivoisant, les objets se détachent. Sur les murs, tapissés d'andrinople piqué de panaches gracieux, des armes étranges, des chapeaux mexicains, des ombrelles de plumes, des trophées de lances, de poignards, de sabres, de casse-têtes, de carquois et de flèches, surmontés de masques de guerre horribles comme des visions de cauchemar ; puis des faïences anciennes, des glaces de Venise aux larges cadres d'or pâli, des tableaux de Clairin : Sarah allongée, ondulante, sur un divan, perdue parmi les brocarts et les fourrures, son fils Maurice et son grand lévrier blanc. Sur des selles, des chevalets épars, sur les rebords de meubles bas pullulent des bouddhas et des monstres japonais, des chinoiseries rares, des terres cuites, des émaux, des laques, des ivoires, des miniatures, des bronzes anciens et modernes ; dans une châsse, une collection de souvenirs de valeur :

des vases d'or, des hanaps, des buires, des ciboires, des couronnes d'or
admirablement ciselées, des filigranes d'or et d'argent d'un art accom-

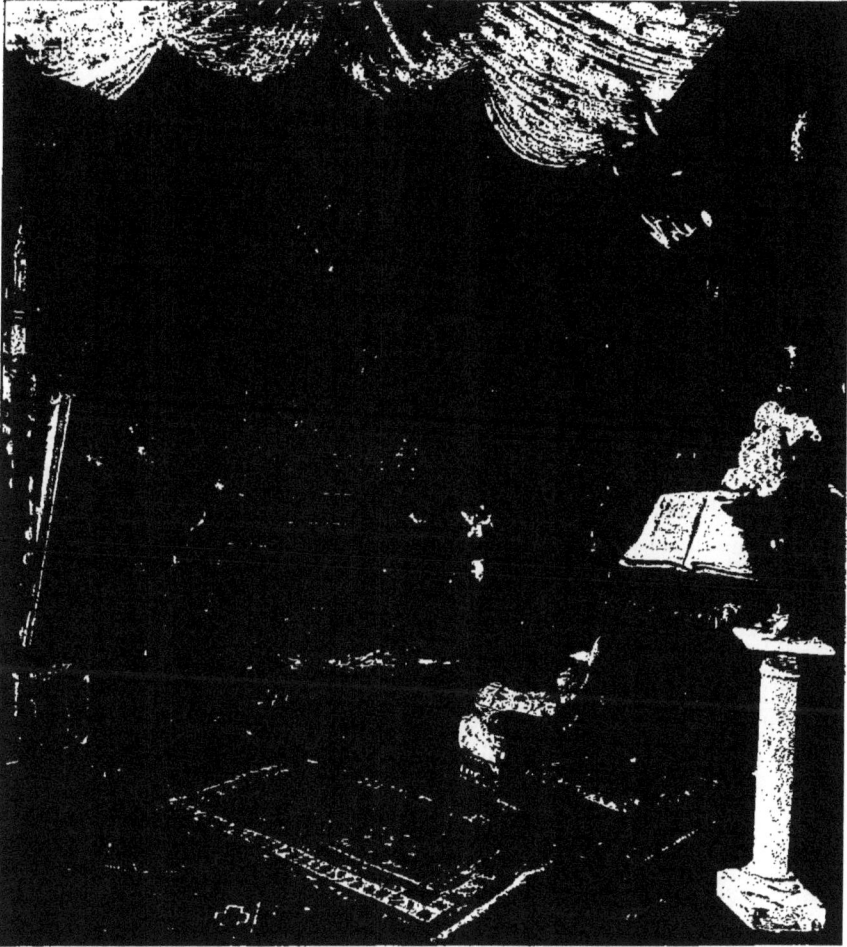

Le grand salon, boulevard Pereire.

pli. Et puis, partout, des fleurs, des fleurs, des touffes de lilas blanc et de mu-
guets d'Espagne, des bottes de mimosas, des bouquets de roses et de chrysan-
thèmes, entre des palmiers dont le sommet touche au plafond de verre. A l'ex-

trémité de la salle, se dresse la grande cage construite d'abord pour *Tigrette*, un chat-tigre rapporté de tournée, habitée ensuite par deux lionceaux.*Scarpia* et *Justinien*, élevés en liberté, et reconduits chez Bidel le jour où ils manifestèrent l'intention de se nourrir eux-mêmes. A présent, la haute cage aux barreaux serrés où bondirent les fauves est devenue volière ; des oiseaux dont le plumage chatoie volètent en chantant sur les branches d'un arbre artificiel. Dans l'angle faisant face à la cage, du côté droit de la cheminée aux landiers de fer forgé, s'étale le plus magnifique, le plus sauvage, le plus troublant des lits de repos : c'est un immense divan fait d'un amas de peaux de bêtes,de peaux d'ours blanc, de castor, d'élan, de tigre, de jaguar, de buffle, de crocodile ; le mur de cette alcôve farouche est fait aussi de fourrures épaisses, qui viennent mourir en des ondulations lascives au pied du lit, et des coussins, une pile de coussins de soie aux tons pâles épars, sur les fourrures ; au-dessus, un dais de soie éteinte, brochée de fleurs fanées, soutenu par deux hampes d'où s'échappent des têtes de dragons, fait la lumière plus douce à celle qui repose... Et par terre, d'un bout à l'autre du hall, des tapis d'Orient couverts toujours, de peaux de bêtes ; on se heurte, à chaque pas, à des têtes de chacal, d'hyène et à des griffes de panthère.

Un domestique vint me tirer de mes réflexions.

— Monsieur ! Madame vous attend.

Je montai au cabinet de travail.

— Je sors de mon bain, excusez-moi de vous avoir fait attendre, me dit l'illustre tragédienne, la main tendue, le sourire aux lèvres, drapée dans un ample peignoir de cachemire crème bordé de dentelles. Je peux parler un peu plus aisément aujourd'hui, causons si vous voulez. Que voulez-vous savoir au juste ?

— D'abord, répondis-je, la date exacte de votre départ et votre itinéraire ?

— Tenez, voici le papier, où vous trouverez tout cela noté. Moi je serais incapable de vous le dire. Il m'arrive souvent, dans ces tournées, de prendre le train ou le bateau sans même m'informer où nous allons... Qu'est-ce que cela peut me faire ?

Je lus :

« Départ de Paris le 23 janvier : du Havre, le lendemain 24 janvier. Arrivée à New-York 1er février. New-York, du 1er février au 14 mars.Washington, du 16 mars au 21 mars ; Philadelphie, du 23 mars au 28 mars ; Boston, du 30 mars au 4 avril ; Montréal, du 6 au 11 avril ; Détroit, Indianopolis et Saint-Louis, du 13 au 18 avril ; Denver du 20 au 22 avril ; San-Francisco, du 24 avril au 1er mai. Départ de San Francisco pour l'Australie le 2 mai. Séjour, environ trois mois. Début : Melbourne, 1er juin ; puis Sydney, Adélaïde, Brisbane, jusqu'à fin août. Retour à San Francisco à partir du 28 septembre. Ensuite principales villes des États-Unis ; puis le Mexique et la Havane. Retour à New-York vers le 1er mars 1892. Si, à cette époque, la situation financière de l'Amérique du Sud s'est améliorée, on fera la République Argentine, l'Uruguay et le Brésil en juin, juillet, août, septembre, octobre 1892. En janvier 1893, Londres. Enfin, la Russie et les capitales de l'Europe. »

— Deux ans ! dis-je. Vous partez pour deux ans ! Cela ne vous attriste-t-il pas un peu ?

— Pas du tout! me répondit cette bohème de génie. Au contraire. Je vais là comme j'irais au Bois de Boulogne ou à l'Odéon ! J'adore voyager ; le départ m'enchante et le retour me remplit de joie. Il y a dans ce mouvement, dans ces allées et venues, dans ces espaces dévorés, une source d'émotions de très pure qualité, et très naturelles. D'abord, il ne m'est

Phot. Aaron.

Rôle de *La Dame de Chalant.*

jamais arrivé de m'ennuyer ; et puis, je n'aurais pas le temps ! Songez que le
plus longtemps que je séjourne dans une ville, c'est quinze jours ! Et que, durant
ces deux ans, j'aurai fait la moitié du tour du monde ! Je connais déjà l'Amérique du Nord, c'est vrai, puisque c'est la troisième tournée que je fais ; mais nous
allons en Australie, que je n'ai jamais vue ! Nous passons aux îles Sandwich, et
nous jouons à Honolulu, devant la reine Pomaré ! C'est assez nouveau, cela !

. — Mais... vos habitudes, vos aises, cet hôtel, ce hall, vos amis?...

— Je les retrouve tous en revenant ! Et mon plaisir est doublé pour en
avoir été si longtemps privée ! D'ailleurs, pour ne parler que du confortable
matériel, nous voyageons comme des princes ; très souvent, on frète un train
rien que pour nous et nos bagages. Il y a là-bas tout un énorme « car » qui
s'appelle le « wagon Sarah-Bernhardt ». J'y ai une chambre à coucher
superbe, avec un lit à colonnes, une salle de bain, une cuisine et un salon ;
il y a, en outre, une trentaine de lits, comme dans les sleepings, pour le
reste de la troupe. Vous voyez comme c'est commode ; le train étant à nous,
nous le faisons arrêter quand nous voulons ; nous descendons quand le
paysage nous plaît ; on joue à la balle dans la prairie, on tire au pistolet, on
s'amuse. Et comme le compartiment est immense (ce sont trois longs wagons
reliés entre eux), si l'on ne veut pas descendre, on relève les lits sur les
parois et on danse au piano, vous voyez qu'on ne s'ennuie pas !

— Vous-même, comment passez-vous votre temps durant ces intermi-
nables trajets de huit jours ?

— Je joue aux échecs, aux dames, au nain jaune ! Je n'aime pas beaucoup
les cartes, mais quelquefois je joue au bésigue chinois, parce que c'est très
long et ça fait passer le temps. Je suis une très mauvaise joueuse, je n'aime
pas à perdre.Cela me met dans des rages folles ; c'est d'un amour-propre ridicule, c'est bête, mais c'est comme ça ; je ne peux pas souffrir qu'on me gagne !

— Les paysages américains, quelles impressions en avez-vous ?

— Je ne les aime pas. C'est grand, c'est trop grand : des montagnes dont on
ne voit pas la cime, des steppes qui se perdent dans des horizons infinis, une
végétation monstrueuse, des ciels dix fois plus haut que les nôtres, tout cela
vous a des airs pas naturels, ultra-naturels. De sorte que quand je reviens, Paris
me fait l'effet d'un petit bijou joli, mignon, mignon, dans un écrin de poupée...

— Et le public ?

— Le public ne peut me paraître que charmant : il m'adore. Dans les grandes villes d'Amérique toutes les gens d'une certaine classe comprennent le français, et comme le prix des places est naturellement fort élevé , il y a beaucoup de ceux-là qui viennent m'entendre. A certains endroits, même, j'ai de véritables salles de « première » où on souligne des effets de mots, des intentions très fines de langue.

— Mais ceux qui ne comprennent pas le français?

— Il y a les livrets qu'on se procure avant la représentation et qui comprennent le texte français avec la traduction en regard. Cela produit même un effet assez curieux : quand on arrive au bas d'une page, mille feuillets se tournent ensemble ; on dirait, dans la salle, le bruit d'une averse qui durerait une seconde.

Je m'amusais infiniment à ces détails, et à la façon dont mon interlocutrice me les racontait. Je l'aurais bien interrogée jusqu'à demain ; mais il était tard, et je devenais indiscret. Je posai vite ces quelques dernières questions :

— Vos bagages?

— Quatre-vingts caisses environ

— Quatre-vingts ?...

Elle rit de mon ahurissement.

— Bien sûr! J'ai au moins quarante-cinq malles de costumes de théâtre ; j'en ai une pour les souliers qui en contient près de deux cent cinquante paires ; j'en ai une pour le linge, une autre pour les fleurs, une autre pour la parfumerie ; restent les costumes de ville, les chapeaux, les accessoires, que sais-je ! Vraiment, je ne sais pas comment ma femme de chambre peut s'y reconnaître...

— Je suis indiscret peut-être en vous demandant quels sont vos intérêts?

— Pas du tout ; ce n'est pas un mystère. J'ai trois mille francs par représentation, plus un tiers sur la recette, ce qui me fait une moyenne de 6.000 francs par représentation. Ah! j'oubliais 1.000 francs par semaine pour frais d'hôtel, etc...

Elle part donc le 23 janvier 1891 pour sa seconde tournée en Amérique. Elle suit exactement l'itinéraire que nous donnons ci-dessus, à part le Mexique et la Havane qu'elle laisse de côté. Elle est follement acclamée presque partout. En Australie, c'est du délire, la ville de Sydney pavoise, les ministres viennent au-devant d'elle, on détèle sa voiture, on la porte en triomphe, on organise des réceptions officielles en son honneur. C'est en Australie, à Sydney, qu'elle joue pour la première fois *Pauline Blanchard* de MM. Darmont et Humblot. C'est dans cette journée aussi qu'elle joue la *Dame de Chalant*, que nous n'avons jamais vue en France.

Durant son absence, on parle à la Comédie-Française de sa rentrée possible dans la maison de Molière pour la création de la *Reine Juana* de M. Parodi, l'auteur de cette *Rome vaincue* qui lui valut tant de beaux succès. Mais les projets de l'artiste sont tout autres. Elle veut réaliser son ancien rêve : être maîtresse d'elle-même et travailler pour son compte. Aussi, de retour d'Amérique, en mai 1892, elle s'arrête à peine un mois à Paris,

Phot. Falk.

Rôle de *Pauline Blanchard.*

part pour Londres, revient en France, repart pour la Russie et les grandes villes d'Europe, Copenhague, Vienne, Christiania, etc., etc. Il serait trop long d'enregistrer ici le triomphe qu'elle eut dans cette galopade effrénée à travers l'Europe entière. De retour à Paris, en mars 1893, elle prépare aussitôt une nouvelle tournée pour l'Amérique du Sud. Elle joue, le 28 mai,

Phèdre au Vaudeville, au profit de l'œuvre de la *Pouponnière*, présidée par son amie Mme Georges Charpentier, la femme du sympathique éditeur.

Le 24 mai, elle achète, — par l'entremise de ses impresarii américains Abbey et Grau, — le théâtre de la Renaissance, puis elle part pour la tournée qu'elle avait promis de faire dans l'Amérique du Sud, l'Uruguay, le Brésil, etc.,

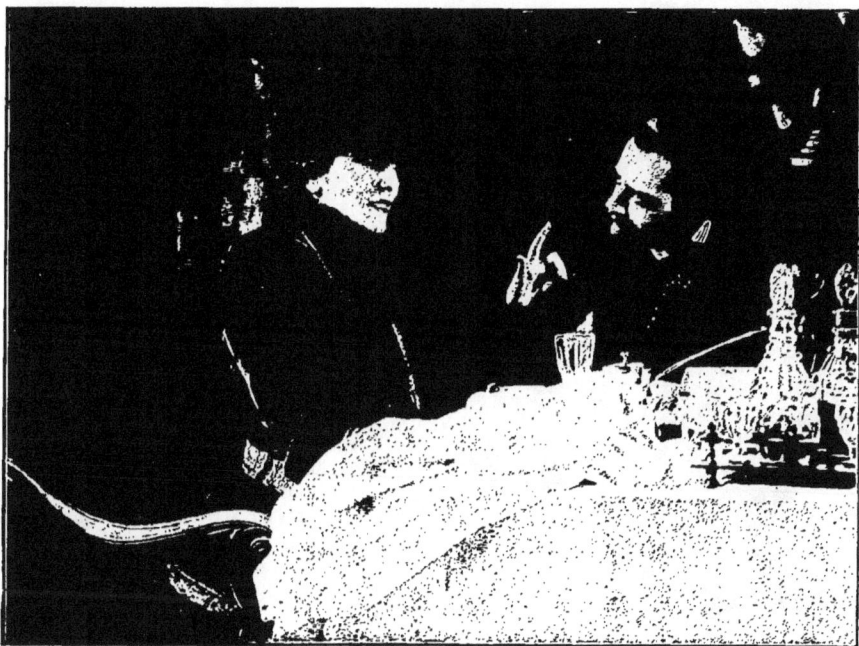

Mme Sarah Bernhardt et le peintre Clairin.

etc! Succès étourdissant partout, recettes folles encaissées! et enfin retour à Paris.

Sarah Bernhardt est enfin chez elle! La voilà fixée à ce théâtre de la Renaissance qu'elle va faire tout à fait sien, et qui, pendant des années, restera le théâtre de Paris où s'accomplissent les plus belles expériences de l'art dramatique dans un cadre de largesse et de faste.

Le 6 novembre, elle inaugure son théâtre par un drame de M. Jules Lemaître, les *Rois*.

10

L'un s'écrie :

Aucune erreur possible. La Renaissance n'est pas une boutique, c'est presque un temple !
Enfin, s'écrie M. Sarcey, nous avons revu Mᵐᵉ Sarah Bernhardt, la grande, l'unique
Sarah, et la Renaissance, sous sa nouvelle direction, a rouvert ses portes avec les *Rois*,
pièce en 4 actes de M. J. Le-
maître. Ah ! que Mᵐᵉ Sarah
Bernhardt a été belle ! et
comme elle nous a rappelé la
Sarah des meilleurs jours !

Elle joua la *Dame aux
Camélias* le 16 décembre,
le *Figaro* dit :

L'interprétation a été, pour
ce qui touche Mᵐᵉ Sarah
Bernhardt, admirable. Cette
soirée doit compter parmi les
plus belles pour la grande
artiste.

M. Sarcey se rappelle
et compare :

J'ai gardé fidèlement dans
ma mémoire, le souvenir du
jour où, pour la première fois,
j'ai vu Mᵐᵉ Sarah Bernhardt
dans *Marguerite Gauthier*
C'était à Londres en 1881.
Elle joua le rôle plusieurs
soirs de suite, et chaque fois
j'étais là, curieux, ravi, en-
thousiasmé.
Quels feuilletons j'écrivis
en ces temps-là, tout ruisse-
lants d'admiration ?
Les Parisiens me crurent
un peu fou !

Phot. Downey.

Rôle de *Izeïl*.

Puis c'est, le 24 janvier 1894, *Izeïl* de MM. Sylvestre et Morand. Le public,
d'acte en acte, l'acclame avec enthousiasme. Dans le *Journal des Débats*,
M. Jules Lemaître écrit en parlant de Sarah :

Nous lui devons une des plus fortes impressions d'art que nous ayons ressenties.
Est-il certain que dans *Izeïl*, pour des raisons que vous devinez sans doute et que MM. Syl-

Mme Sarah Bernhardt dans son hall.

vestre et Morand connaissent aussi bien que moi, elle a été plus « créatrice » encore.

Phot. Nadar.

Rôle de *Gismonda*.

M. Sarcey :

Dans ce spectacle qui est d'un pittoresque délicieux, elle est elle-même le plus pittoresque et le plus délicieux spectacle.

Elle n'a pas trente ans !...

Il y a eu d'abord dans le public un moment de prostration, puis les acclamations sont parties furieuses, et les applaudissements, et la salle debout battant des mains. Quel triomphe !

On le voit par ces courts extraits que je pourrais multiplier à l'infini, car j'ai dépouillé pour cette étude tous les journaux de l'époque, on le voit, Sarah Bernhardt est arrivée ici à l'apogée de sa gloire. On ne la discute plus, ou, quand cela se produit, ce n'est qu'avec des réserves admiratives. C'est ainsi que fera désormais la presse entière pour toutes ses créations :

Fédora est reprise le 3 avril 1894. M. Jules Lemaître dit :

Je ne suis pas bien sûr que Mme Sarah Bernhardt, au point où elle en est soit encore capable de trouver l'intonation juste pour dire: « Bonjour, Monsieur, comment vous portez vous ? »

Il lui faut l'extraordinaire pour être elle-même. Mais alors elle est incomparable.

Puis, la voilà repartie pour Londres, où elle joue en juin *Izeïl* et son répertoire avec un succès fou.

De retour, elle joue la *Femme de Claude*, le 19 septembre; le 1er novembre, elle crée *Gismonda*, et voilà de nouveau le lyrisme déchaîné dans la presse :

Le *Figaro* dit :

Mme Sarah Bernhardt a atteint à la perfection de son art.

Le *Gil Blas* :

Mme Sarah Bernhardt a trouvé dans le rôle de *Gismonda* une de ses plus merveilleuses créations.

M. Baüer dans l'*Écho de Paris* :

La création de *Gismonda* est peut être la plus miraculeuse entre toutes.

M. Lemaître dans les *Débats:*

Toutes les épithètes laudatives du dictionnaire ayant servi à célébrer Mme Sarah Bernhardt, on ne sait plus comment s'y prendre pour lui exprimer une adoration qui pourtant se renouvelle à chaque apparition de cette femme extraordinaire.

Seul, M. Sarcey boude un peu :

On l'a acclamée, rappelée, non sans quelque exagération plus italienne que française.

Mais il se rattrape et largement, quand le 24 décembre de cette même année 1894, Sarah rejoue *Phèdre*.

Que vous dirai-je de Sarah dans ce rôle que je n'aie déjà dit et que vous ne sachiez déjà !
C'est le comble du grand art.

Nos grands-pères nous parlaient avec émotion de Talma et de Mlle Mars. Je n'ai vu ni
l'un ni l'autre. C'est à peine si j'ai gardé mémoire de Mlle Rachel.

Mais je ne crois pas qu'en aucun temps, on ait pu voir au théâtre quelque chose de

Le Fort aux Poulains à Belle-Isle-en-Mer. (Propriété de Mme Sarah Bernhardt.)

plus génial et de plus parfait que ce que nous a donné Mme Sarah Bernhardt mercredi
dernier.

Le 11 février 1895, reprise d'*Amphitryon* avec Coquelin, qu'elle a attaché
à son théâtre pour, hélas ! peu de temps.

M. Sarcey a trouvé la représentation morne. Les autres critiques l'ont
trouvée belle pour Sarah et Coquelin. Mais pas d'enthousiasme.

Le 15 février, c'est la première de *Magda,* de l'écrivain allemand Suder-
mann. Tous les critiques l'y trouvent « admirable ».

Le 5 avril, c'est la *Princesse lointaine* de M. Rostand. Le succès colossal
de l'interprète se confond avec celui non moins grand de l'auteur.

Nouveau départ pour Londres et l'Écosse : *Gismonda, Izeïl,* la *Princesse Lointaine,* la *Tosca, Magda,* la *Femme de Claude.*

La Renaissance va donner une pièce de M. Maurice Donnay : *Amants,* pour laquelle Mme Sarah Bernardt a engagé Mme Jeanne Granier. Que fera-t-elle pendant ce temps? Se reposera-t-elle enfin ? Et le 5 janvier 1896, le *Figaro* annonce qu'elle part le jour même pour l'Amérique où elle va donner une série de représentations.

Le 4 juillet 1896, la voilà de retour. Elle va se reposer deux mois à Belle-Isle. Et le 30 septembre, elle reprend la *Dame aux Camélias,* avec un succès inouï.

Le 8 octobre, elle va à Versailles, dire des vers devant le Tsar et la Tsarine.

Lorenzaccio passe le 3 décembre. La pièce de Musset, adaptée à la scène par M. Armand Dartois, est pour Sarah l'occasion d'un nouveau triomphe.

❦❦❦

LA JOURNÉE " SARAH BERNHARDT "

Le 8 février, elle joue une pièce de M. Sardou : *Spiritisme,* qui échoue. On exalte son talent comme toujours, mais l'atmosphère est froide, comparée à celle de ses précédentes créations. Au bout de vingt-cinq représentations médiocres elle est forcée de reprendre la *Tosca,* et de monter une pièce dont elle n'est pas : *Snob,* de M. Gustave Guiches. Sur ces entrefaites, la semaine de Pâques arrive, et Mme Sarah Bernhardt en profite pour donner une série de représentations de la *Samaritaine,* drame religieux de M. Edmond Rostand, qui obtient un succès triomphal.

« Il faut entendre Sarah, dit M. Sarcey, transfigurée et buvant les paroles de vie, répéter ce seul mot avec une ardeur de néophyte : « J'écoute, j'écoute ! »

« C'est elle qui emplit le second acte. En proie au feu divin, elle accourt, elle évangélise le peuple. Son succès a été très grand. »

Nous touchons aux dernières créations de la grande artiste.

C'est le 15 décembre, dans les *Mauvais Bergers,* le très beau drame social d'Octave Mirbeau, qu'elle trouve une nouvelle transfiguration de son génie dramatique. Après ce travesti de *Lorenzaccio,* après son rôle d'inspirée divine dans la *Samaritaine,* la voici en fille du peuple, caraco de cotonnade et robe de laine. Puis c'est la *Ville-Morte* de M. Gabriel d'Annunzio, dont le souvenir est encore présent, puis c'est *Lysiane,* de M. Romain Coolus, que, rajeunie, transfigurée après sa cruelle maladie, elle crée au printemps de 1898.

Au lendemain du grand succès de *Lorenzaccio* un groupe des amis de Sarah Bernhardt, M. Henry Bauër en tête, a décidé d'organiser une grande fête en son honneur, qui marquerait, dans leur idée, l'apogée de sa carrière d'artiste. La date en a été fixée au mercredi 9 décembre 1896. La veille de ce grand jour, j'avais écrit à Sarah pour lui demander de vouloir bien se recueillir une heure ou deux, de repasser dans sa mémoire ses émotions, ses luttes et ses succès, en un mot, de retracer, au profit des lecteurs du *Figaro*, son état d'âme au moment d'une cérémonie qui marquerait parmi les plus émouvantes de sa brillante carrière.

Voici la page de méditation, nerveuse et primesautière, qu'elle m'a écrite alors :

« Mais c'est un examen de conscience que vous me demandez, cher ami. Et cependant, je n'hésite pas une seconde à vous répondre.

Oui, je suis fière, heureuse, et cela à plein cœur, de la façon dont je vais être fêtée. Vous me demandez, ami, si je crois en toute conscience que je mérite cet honneur. Si je dis oui, vous me croirez bien orgueilleuse ; si je dis non, vous me jugerez bien coupable.

Il me plaît davantage vous dire les « pourquoi » de ce « parce que ». Voilà vingt-neuf ans que je livre au public les vibrations de mon âme, les battements de mon cœur, les larmes de mes yeux. J'ai interprété cent douze rôles, j'ai créé trente-huit personnifications, dont seize sont œuvres de poètes. J'ai lutté comme pas un être humain n'a lutté. De nature indépendante, exécrant le mensonge, je me suis créé des ennemis acharnés. Ceux que j'ai daigné combattre, je les ai vaincus et pardonnés. Ils sont devenus mes amis. La boue que me jetaient les autres tombait en poussière séchée par le soleil brûlant de ma foi et de ma volonté.

J'ai voulu, j'ai voulu ardemment arriver au summum de l'art ; je n'y suis pas encore ; il me reste bien moins à vivre que je n'ai vécu ; mais qu'importe ! Chaque pas me rapproche de mon rêve ! Les heures qui ont pris leur vol emportant ma jeunesse m'ont laissé ma vaillance et ma gaieté ; car mon but est le même et c'est vers lui que je vais.

J'ai traversé les Océans emportant mon rêve d'art en moi, et le génie de ma nation a triomphé ! J'ai planté le verbe français au cœur de la littérature étrangère, et c'est ce dont je suis le plus fière. Grâce à la propagande de mon art, la langue française est aujourd'hui langue courante de la jeune génération. Je le sais, parce que des professeurs me l'ont dit là-bas, des dames de New-York me l'ont affirmé ; le public me l'a prouvé, et j'ai été blâmée, en pleine chaire, pour cette outrecuidante usurpation par un professeur allemand à

Chicago. En Amérique du Sud, au Brésil, les étudiants se sont battus à coups de sabre parce qu'on voulait les empêcher de crier : « Vive la France! » en traînant ma voiture. Dans la République argentine, les étudiants pour honorer mon pays avaient appris par cœur Racine, Corneille, Molière et les feuilletons de Jules Lemaître; et ils récitaient tout cela dans la langue la plus correcte et presque sans accent. Au Canada, les députés et les sénateurs ont poussé mon traîneau aux cris mille fois répétés de : « Vive la France! » et, après chaque représentation, les étudiants entonnaient la Marseillaise *que les Anglais écoutaient debout, chapeau à la main, avec le respect qu'ils ont pour toute manifestation noble.*

Tenez, un des faits les plus saillants est celui-ci : Quand je suis arrivée en Australie, la colonie française était terrassée par la colonie allemande. Le consul qui représentait notre nation était peu aimé et même peu estimé. Dès mon arrivée, je fus reçue par le lord-maire en grand costume d'honneur ; sa femme et ses enfants m'offrirent des fleurs et la musique militaire fit entendre les hymnes nationaux de France et d'Angleterre. Je devais cette galante ovation à des ordres venus d'Angleterre. L'effet fut immédiat. L'émotion de cette réception quasi royale rejaillit sur notre colonie française établie à Sydney et à Melbourne.

Les œuvres représentées par ma compagnie et moi eurent un succès inoubliable et, quand le bateau qui nous emportait vers l'hémisphère boréal eut tiré ses trois coups de canon, plus de cinq mille personnes, parquées sur les quais, entonnèrent notre chant national. Je vous affirme, ami, que ceux qui ont assisté à cette scène poignante et grandiose ne l'ont pas oubliée.

En Hongrie, les villes dans lesquelles je devais jouer étaient pavoisées de drapeaux français, malgré les ordres envoyés par le gouvernement autrichien. Les Tchèques ont dansé pour moi leurs danses avec des banderoles aux couleurs françaises.

Voilà, ami, les petites victoires qui m'ont valu tant d'indulgence. Je ne parle pas des combats auxquels vous avez assisté avec tout le public parisien. Enfin, mon examen de conscience fini, j'y trouve encore ce petit fait et en ma faveur : j'ai refusé, il y a cinq mois, un million de francs pour aller jouer en Allemagne. Si des esprits chagrins trouvent la fête qu'on veut m'offrir en disproportion avec mon talent, dites-leur que je suis la doyenne mili-

tante d'un art passionnant et grandiose, d'un art moralisateur! Je suis la prêtresse fidèle de la poésie! — Dites-leur, ami, que jamais la courtoisie française n'a été plus manifeste, puisque voulant honorer l'art de l'interprétation et élever l'interprète au niveau des autres artistes créateurs, elle a choisi une femme.

SARAH BERNHARDT.

8 décembre 1896.

La fête annoncée a eu lieu le lendemain mercredi 9 décembre.

Elle a été très belle !

Plus belle qu'on n'aurait jamais osé l'espérer. Ça été, en plein Paris par un jour gris, une immense liesse de sympathie et d'art, une fête de charme, d'enthousiasme et d'élégance. Des esprits chagrins avaient souri au programme de la fête, et des poètes timides, disait-on, craignaient un peu le feu malicieux des regards de Paris braqués sur leur exhibition publique...

Grâce à Sarah, à son sortilège de grâce et de beauté, non seulement sa journée a été le plus beau et le plus enviable triomphe de sa carrière, mais elle s'est déroulée dans une harmonie irréprochable, au milieu d'une atmosphère toute chaude de cordialité et d'admiration.

Le procès-verbal sec et rapide dont nous sommes forcés de nous contenter, ne donnera qu'une idée bien lointaine de ce que furent ces six heures d'ovation continue.

A midi et demie, Sarah est arrivée avec son fils et sa belle-fille, dans son cab à deux chevaux, devant le perron du Grand-Hôtel. Des cris : « Vive Sarah ! » se font entendre. La foule des étrangers qui se trouvaient à ce moment sous la véranda s'est spontanément découverte sur le passage de la grande artiste. L'immense salle du Zodiaque où se donnait le banquet était déjà remplie : les hommes en habit noir, les dames en toilette de soirée.

Quand Mme Sarah Bernhardt est descendue du premier étage dans la salle, par l'étroit escalier en colimaçon qui la dessert, les cinq cents convives se sont levés, ont battu des mains frénétiquement, sans cesse, encore ! La longue traîne de son admirable robe blanche, garnie de dentelles d'Angleterre, brodée d'or, bordée de chinchilla, la suivait comme un long serpent docile et gracieux sur les marches de l'escalier ; et comme, à chaque courbe, elle se penchait sur la rampe, enroulant son bras comme une liane aux piliers de velours,

Mᵐᵉ Sarah Bernhardt, d'après un dessin de C. Léandre.

tandis que de sa main libre elle saluait les acclamations, son corps

souple et svelte semblait ne pas toucher la terre ! Elle avait l'air de descendre
dans une gloire !

Comme le chemin est long, de l'escalier au centre de la table d'honneur,
la salle entière accompagne sa marche de longs applaudissements. Elle arrive
à sa place de présidence toute pâle, mais souriante et heureuse. De nouveaux
bravos éclatent comme un tonnerre et le repas commence.

A la table d'honneur : au centre Sarah Bernhardt avec, à sa droite :
M. Sardou, à sa gauche, M. Henry Bauër et autour d'elle Mme· de Najac,
MM. François Coppée, H. de Bornier, Ludovic Halévy, Jules Lemaître, Théo-
dore Dubois, André Theuriet, H. Lavedan, Albert Carré, Coquelin aîné,
Édouard Colonne, Gabriel Pierné ; Mme Maurice Bernhardt, MM. Mendès,
Silvestre, Maurice Bernhardt, lord et lady Ribbesdal (lord Ribbesdal est grand
veneur de la reine d'Angleterre), MM. Jean Lorrain, Haraucourt, Charpentier,
comte Robert de Montesquiou, Clairin, Armand d'Artois, Morand, Silvain,
Edmond Rostand.

A part la table d'honneur on s'était placé à peu près à sa guise, malgré les
cartes mises sur les couverts.

Trois cartes de menus artistiques sont disposées sur les tables, signées de
Mme Abbéma, de Chéret et de Mucha.

On mange gaiement, les yeux fixés sur l'héroïne de la fête. Tout le monde
s'extasie sur la fraîcheur de son teint, sur cette éternelle jeunesse physique
qu'elle doit sans doute à l'incomparable énergie vitale de sa nature privilégiée.

Au dessert, M. Sardou se lève, et dit :

Mesdames, Messieurs,

Je laisse aux poètes l'honneur de glorifier, mieux que je ne saurais le faire, le génie
tragique de l'artiste sans rivale que nous fêtons ; véritable créatrice de tous les rôles
qu'elle interprète ; souveraine incontestée de l'art dramatique, et saluée comme telle dans
le monde entier.

Mon intention est plus modeste. — Il n'est pas donné à tous ceux qui lui doivent de si
vives émotions, de la voir dans l'intimité de sa vie entourée de ses amis, de ses enfants,
et, après avoir acclamé la tragédienne, — de connaître la bienfaisance, la charité et
l'exquise bonté de la femme. — C'est à elle qu'à titre de témoin je veux souhaiter longue
vie et prospérité...

Et je lève mon verre à la santé de celle qui est à la fois la grande et la bonne Sarah !

On applaudit à tout rompre après cette dernière phrase, et les femmes qui sont là y mettent, s'il est possible, plus d'ardeur et plus d'enthousiasme encore que les hommes.

Le silence se fait et Sarah se lève pour dire ces simples mots :

« A vous tous, mes amis, d'un cœur ému et reconnaissant je vous dis, merci, merci ! »

Les deux mains serrées sur sa poitrine puis largement étendues vers les convives, son geste a l'air de signifier : « Mon cœur, tout mon cœur pour vous ! »

Plusieurs salves d'applaudissements frénétiques. Des femmes ont les joues ruisselantes de larmes ; M. Sardou essuie ses yeux. L'émotion est, en vérité, très grande alors.

Les chœurs de Colonne entonnent l'hymne composé par MM. Armand Silvestre et Gabriel Pierné, qu'on applaudit longuement, puis on se lève de table. Mᵐᵉ Sarah Bernhardt reprend le chemin qu'elle a parcouru, serre des mains aux passages, embrasse Coquelin, s'arrête devant Jeanne Granier, et, après l'avoir par deux fois embrassée, lui rappelle son beau triomphe dans *Amants*.

La voici qui remonte l'étroit escalier de tout à l'heure. Elle va lentement, pendant que les acclamations continuent ; de temps en temps, on la revoit qui salue du geste et du sourire. Cette montée à l'air d'une ascension, cet escalier devient presque un nuage !

Trois heures et demie. On est allé à la Renaissance. Devant le théâtre, de même qu'au Grand-Hôtel des gardes municipaux à cheval maintiennent la foule qui regarde entrer les invités. La salle est bondée. Ce sont les mêmes gens que tout à l'heure, augmentés d'un millier d'autres. La liste en serait infinie. C'est, à la lettre, le Tout-Paris de la littérature, des arts et des salons. On se regarde, on se salue. Mais on chercherait en vain, à l'encontre de ce qu'on voit dans presque toutes les réunions de ce genre, l'ombre d'un sourire narquois, l'apparence d'une malveillance sournoise : on est venu fêter pour de bon la grande tragédienne française.

Quant aux galeries supérieures, elles seront occupées par les délégations des étudiants, de l'École polytechnique, du Conservatoire de musique et de déclamation, de l'École des beaux-arts, des sous-officiers de la garnison de Paris, etc., etc.

A quatre heures moins un quart le rideau s'ouvre sur le 3e acte de *Phèdre*, M. Darmont joue Hippolyte, Mlle Seylor, Ismène; Mlle Mellot, Aricie; Mme Grandet, OEnone. L'entrée de Sarah est saluée d'un tonnerre d'applau-dissements; la voilà dans son péplum et sous son voile de mousseline de soie brodée d'or. Elle parle, elle gémit, elle chante, elle maudit. Et quand, dans un grand geste magnifique, elle découvre sa poitrine et dit :

« Voilà mon cœur. C'est là que ton bras doit frapper ! »

on croit que la salle va crouler sous l'ovation.

Un entr'acte, et, dans le même décor, commence le quatrième acte de *Rome vaincue*, de M. de Parodi. L'enthousiasme grandit encore lorsque Postumia s'avance, drapée de deuil, les yeux aveugles, le front auréolé de cheveux blancs. A ses tragiques cris d'an-goisse, aux gestes de ses

Phot. Downey.

Rôle de *Phèdre*.

bras hésitants, à la mimique de sa figure convulsée de douleur, l'auditoire entier a frémi, et j'ai vu tous mes voisins pleurer.

Deuxième entr'acte. C'est le tour des poètes qui doivent, selon le pro-gramme, venir lire chacun un sonnet à la gloire de l'artiste. Un mouvement de curiosité se produit alors dans la salle. Que va être cette apothéose? Et la difficile mise en scène de cette idée hardie, va-t-elle répondre à ce qu'on en attend? A ce moment, j'ai peur de voir sourire, j'ai peur pour la grande artiste aimée, peur aussi pour les courageux poètes dont l'admiration reconnaissante s'expose peut-être là aux brocards de la malice.

Phot. Nadar

Rôle de *Phèdre*

Mais le rideau s'ouvre une fois encore. Et les applaudissements éclatent, unanimes. Sous un large dais de palmes vertes exhaussé de deux marches,

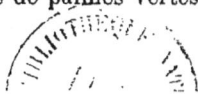

12

Sarah, dans le costume de Phèdre, est assise sur un fauteuil de fleurs ! Derrière elle, servant de fond à sa figure pâle d'émotion, un rideau de camélias blancs et rouges. Parmi les palmes, courent des branches d'orchidées ; à ses pieds, et autour d'elle, des femmes, en péplum léger, le front ceint de couronnes de roses, la regardent, un sourire heureux sur les lèvres. A sa droite, contre le décor, les cinq poètes qui la doivent louer : MM. François Coppée, Edmond Haraucourt, Mendès, Eugène Rostand, André Theuriet.

A côté d'eux, une délégation de l'Association des Étudiants. A gauche, tous les artistes du théâtre de la Renaissance.

M. Paul Clerget, de la Renaissance, sert d'annoncier protocolaire.

D'abord, M. Paul Tixier, président de l'Association des Étudiants, s'avance et parle.

On applaudit beaucoup son petit discours plein de tact et d'esprit.

M. Clerget annonce ensuite :

— Le poète François Coppée.

M. Coppée se détache du groupe, Sarah se lève. Alors on voit que les fleurs qui tombent des palmes forment une couronne qui se trouve juste au-dessus de sa tête ! Debout, elle écoute un sonnet médiocre.

Cette lecture finie, le poète s'approche de Mme Sarah Bernhardt, lui baise les mains ; mais elle, se penchant jusqu'à lui, offre ses deux joues à baiser à l'auteur du *Passant*.

M. Mendès, M. Haraucourt et M. André Theuriet, lisent ensuite, chacun à son tour, avec le même simple cérémonial, leurs sonnets qu'on applaudit. M. Morand lit ceux de M. de Heredia qu'on entend mal.

Enfin, M. Edmond Rostand vient réciter, d'une voix claire et vibrante, ces vers :

> En ce temps sans beauté, seule encor tu nous restes
> Sachant descendre, pâle, un grand escalier clair,
> Ceindre un bandeau, porter un lys, brandir un fer.
> Reine de l'attitude et Princesse des gestes.
>
> En ce temps, sans folie, ardente, tu protestes !
> Tu dis des vers. Tu meurs d'amour. Ton vol se perd.
> Tu tends des bras de rêve, et puis des bras de chair.
> Et quand Phèdre paraît, nous sommes tous incestes.

Avide de souffrir, tu t'ajoutas des cœurs ;
Nous avons vu couler — car ils coulent tes pleurs ! —
Toutes les larmes de nos âmes sur tes joues.

Mais aussi tu sais bien Sarah, que quelquefois
Tu sens furtivement se poser, quand tu joues,
Les lèvres de Shakspeare aux bagues de tes doigts.

Des applaudissements infinis accueillirent ces beaux vers. On sent que c'est à M. Rostand qu'est allé le gros succès de cette apothéose. Sarah, debout, la poitrine palpitante, aussi blanche que les camélias qui lui servent de cadre arrive, à ce moment au paroxysme de son émotion ; ses lèvres tremblantes essayent de sourire avec reconnaissance ; mais on sent des larmes poindre ; elle serre son cœur contre sa poitrine, de toute la force de ses mains croisées, comme pour l'empêcher de bondir au dehors d'elle. Et rien n'est plus beau que le spectacle de cette énergie, que trente ans de luttes et d'art exténuant n'ont pu abattre, brisée, écrasée par ces paroles lyriques déclamées devant ces quinze cents personnes frémissantes.

Des fleurs tombent du haut de la salle sur la scène. De longues acclamations, plusieurs fois renouvelées, closent la cérémonie.

Des centaines d'amis, non contents d'avoir applaudi toute la journée défilent ensuite dans la loge de Mᵐᵉ Sarah Bernhardt. Ce sont des embrassades, des serrements de mains, des larmes d'émotion encore. M. et Mᵐᵉ Maurice Bernhardt sont là, les yeux rouges, mais la figure heureuse.

On se raconte qu'on a

Extrait de l'album de la *Revue Blanche*.
Charge de Sarah Bernhardt, par Capiello.

forgé des difficultés imaginaires à la Grande Chancellerie de la Légion
d'honneur, pour ne pas décorer la grande artiste; on parle de l'avis nécessaire du Conseil des ministres. Mais on paraît assuré qu'au 1er janvier ces
difficultés seront vaincues. D'ailleurs, qu'ajouterait la croix à une manifestation de cette grandeur? On m'assure que M. Poincaré, qui est là, aurait dit à
quelqu'un qui regrettait devant lui son départ du ministère :

— Si je devais le regretter, ce ne serait jamais plus qu'aujourd'hui !

On se passe les dépêches et les lettres arrivées dans la journée. En voici
quelques-unes en tas.

D'Emma Calvé, arrivée il y a trois jours, à New-York :

Chère grande artiste,
Mon cœur est avec vous.

De Mme Réjane :

Ma chère Sarah,
C'est tout le Vaudeville qui vient aujourd'hui vous témoigner son admiration. Je me
fais son interprète et vous prie d'accepter ces fleurs, avec l'expression de ma profonde
affection.   RÉJANE.

Dépêche de M. Gabriel d'Annunzio :

Francavilla Mare.
En ce jour de suprême gloire, l'Italie reconnaissante envoie son laurier à l'inou-
bliable enchanteresse. Ave
GABRIEL d'ANNUNZIO.

D'Irving :

Londres.
Chère Madame Sarah Bernhardt,
Vos frères et vos sœurs artistes du théâtre Lyceum vous envoient leur amour et leurs
salutations.
Votre art choisi et tous les arts vous rendent hommage, et nous, vos camarades dans
un autre pays où votre génie est tenu en si haute estime, serions heureux d'ajouter
notre tribut au grand honneur que vous méritez.
Vôtre comme toujours, avec affection et admiration.
HENRY IRVING.

Ellen Terry, etc.; (suivent trente-quatre signatures des artistes du Lyceum).

Lettre du Lyric-Theatre :

Chère Madame,
Je vous envoie le dessin d'une couronne d'argent dont j'aurai le plaisir extrême de
demander votre acceptation.
L'annonce de la date de la fête donnée en votre honneur était tellement indécise que
les joailliers n'ont pas eu le temps de finir la couronne.
J'espère pouvoir vous l'envoyer dans quelques jours.
Croyez que c'est un plaisir de donner ce petit tribut à une si grande artiste que vous

. et à celle qui a relevé notre profession à la hauteur de l'étendard qu'elle tient aujourd'hui.

Veuillez m'envoyer les noms des rôles différents créés par vous que vous voudrez voir inscrits sur les feuilles de la couronne ; envoyez-les aussitôt que possible.

J'ai l'honneur d'être votre grand admirateur.

WILSON BARRETT.

De Chicago :

.Compliments de tous les critiques de la *Tribune*, du *Times*, du *Herald*, de l'*Inter-océan*, du *Post Journal* et du *Dispatch*.

De New-York :

Le cercle des auteurs dramatiques américains me charge formellement d'offrir ses hommages à la reine de la scène française, souveraine par droit divin, et de féliciter les maîtres du théâtre français qui, grâce à Sarah Bernhardt, ont pu faire triompher de belles œuvres à travers le monde et reculer ainsi les bornes de l'art.

BRONSON HOWARD.
Président du Cercle dramatique américain.

Une dépêche de félicitations des étudiants russes de Pétersbourg ; des dépêches des artistes du Saint-James Theatre de Londres, du Criterion Theatre, etc., de Mᵐᵉ Melba, qui dit :

« Je salue la reine et j'embrasse l'amie. Mille félicitations. »

De MM. Jean et Edouard de Reszké, Louise Théo, Chartran, etc., etc.

Mᵐᵉ Sarah Bernhardt a voulu finir cette journée sans seconde, au milieu des siens et d'amis intimes, chez son fils. Je l'ai vue un instant dans la soirée. Elle était radieuse et lassée.

Lysiane (20 avril 1898) lui vaut un nouveau triomphe, M. Bauër, dans l'*Echo de Paris*, écrit :

Chaque rôle nouveau de Sarah Bernhardt est un renouvellement admirable de son talent. Elle nous accoutume au sublime tragique et voici que par la grâce, l'émotion légère, le ton délicat de la comédie, les nuances subtiles de la coquetterie, elle nous charme et nous ravit. Quel accueil affectueux et joyeux le public fit hier à son génie toujours en fleur ! Comme le battement du cœur et des mains de la salle témoignaient, dans l'ardente bienvenue du retour, la sollicitude de tout Paris aux épreuves et aux douleurs de la femme !

M. Léon Bernard-Derosne, dans le *Gil Blas* dit :

Mᵐᵉ Sarah Bernhardt plus jeune, plus vaillante, plus resplendissante que jamais, a délicieusement joué le rôle de Lysiane. Elle y est charmante de grâce enjouée, de gaieté spirituelle et, quand il le faut, d'émotion sincère. Comme de juste, on lui a fait une ovation enthousiaste, et cette ovation fut très longue et comme pieuse.

Et M. Mendès dans le *Journal* :

Sarah est délicieusement sublime. Ce qu'il y a d'extraordinaire en son charme, c'est que chaque fois, il se renouvelle ; on croyait le connaître, on se trompait, la voici différente de ce qu'on espérait. Elle est, toujours, la différence, avec l'égalité dans la perfection. Tout Paris ira la voir, si subtile, si tendre, si chaleureuse, — comme elle le fut si souvent, — et si différente cependant de la façon qu'elle eut d'être chaleureuse, tendre, subtile, en ce rôle nouveau où elle est si extraordinaire, qu'elle ne nous laisse même pas la possibilité de supposer que, dans un rôle identique, aucune comédienne lui fut jamais comparable ! Ah ! comme elle a raison ! comme elle a raison, toujours !

Phot. Aaron.

Mme Sarah Bernhardt dans la *Dame aux Camélias.*

Après *Lysiane,* Madame Sarah Bernhardt donne une série de représentations de la *Dame aux Camélias* et de la *Samaritaine,* puis va en juin à Londres, pour sa saison annuelle ; elle y joue *Phèdre, Adrienne Lecouvreur,* le *Songe d'un matin de printemps,* de d'Annunzio, etc., et se retire en juillet, août et septembre à Belle-Isle-en-Mer.

Le 28 octobre 1898, elle joue *Médée,* de M. Mendès, qui échoue dans l'ennui sinistre, malgré la dépense énorme de talent que la grande tragédienne y fit ; le 23 novembre, après de maigres recettes, elle est, en effet, forcée de donner quelques représentations de la *Dame aux Camélias,* avant de partir pour une tournée en Italie et dans le Midi de la France que sa maladie l'avait forcée de remettre le printemps précédent.

Nous voici au commencement de l'année 1899.

Le théâtre de la Renaissance prospérait depuis cinq ans. Comme nous venons de le voir, Mme Sarah Bernhardt y avait joué successivement les *Rois*, la *Dame aux Camélias*, *Phèdre*, *Izéïl*, *Fédora*, la *Femme de Claude*, *Gismonda*, *Magda*, *Amphitryon*, l'*Infidèle*, la *Princesse lointaine*, *Lorenzaccio*, la *Tosca*, la *Samaritaine*, les *Mauvais Bergers*, la *Ville morte*, *Lysiane* et *Médée*. On y avait joué sans elle *Amants!* la *Figurante*, la *Meute*, *Snobs* et *Affranchie*.

Mais, malgré le succès, on sentait que quelque chose gênait l'essor de la grande réussite. Le cadre où évoluèrent tant de manifestations d'art était trop étroit. Malgré de véritables prodiges d'ingéniosité, malgré la bonne volonté dévouée de tous les collaborateurs de Mme Sarah Bernhardt, les grands spectacles, les immenses déploiements de mise en scène étaient impossibles. Et combien de pièces que la grande artiste eût voulu jouer, qui passèrent ainsi à des théâtres rivaux!

Le théâtre des Nations laissé libre par le déménagement de l'Opéra-Comique à la place Marivaux, la tente. L'Exposition universelle de 1900 est proche. Elle le demande au Conseil Municipal, et l'obtient.

Et le 21 janvier, elle l'inaugure par une reprise de la *Tosca*. Le 8 mars, elle reprend la *Dalila* de Feuillet, et le 25 mars, la *Samaritaine* de Rostand qui paraît devoir remplacer la *Dame aux Camélias* dans son privilège de pièce terre-neuve.

L'entrée de Mme Sarah Bernhardt au théâtre des Nations inaugure donc pour elle une nouvelle ère artistique.

J'ai dit ailleurs qu'il n'y avait rien de comparable, dans l'histoire des arts, à ce que fut, jusqu'à présent, la vie de Mme Sarah Bernhardt.

Et je continue à penser qu'il n'y a vraiment qu'à s'incliner devant l'incomparable dépense d'énergie vitale prodiguée sans compter pendant trente ans de cette activité intense et multiforme!

FIN.

TABLE DES GRAVURES

❀❀❀

2599. — Imprimerie de Vaugirard, G. de Malherbe, directeur, 152, rue de Vaugirard, Paris.